Anne Christina Mess
Wenn die Hoffnung stirbt

Anne Christina Mess

Wenn die Hoffnung stirbt

Selbstmord – Hilfen für Angehörige
und Mitbetroffene

Brendow.
VERLAG + MEDIEN

Bibliografische Information Der Deutschen Bibliothek
Die Deutsche Bibliothek verzeichnet diese Publikation in der
Deutschen Nationalbibliografie; detaillierte bibliografische Daten
sind im Internet über http://dnb.ddb.de abrufbar.

© 2003 by Joh. Brendow & Sohn Verlag GmbH, Moers
Einbandgestaltung: Georg Design, Münster
Titelfoto: Getty Images
Satz: Satz & Medien Wieser, Stolberg
ISBN 3-87067-965-4

Inhalt

Vorwort

Bei meiner psychotherapeutischen Arbeit sind mir immer wieder Menschen begegnet, die ihrem Leben ein Ende setzen wollten oder einen ihnen nahe stehenden Menschen durch Selbstmord verloren haben. In meiner Grundschulzeit hatte ich in jeder der vier Klassen eine neue Lehrerin, was vor über 30 Jahren unüblich und schlicht darin begründet war, dass zwei von ihnen sich umbrachten. So sehr mich diese für ein Kind unfassbaren Todesfälle erschreckten, lösten sie doch ein erstes Interesse am Thema Selbstmord aus. Dieses sollte mich auch weiter beschäftigen.

Als Studentin im Psychiatrie-Praktikum auf der Psychotherapie-Station einer großen Klinik wurde ich damit konfrontiert, dass eine Patientin sich erhängte. Zudem hatte ich einen Kommilitonen, der erst seinen Hund und dann sich selbst erschoss, sowie einen Studienfreund, der durch einen ungewöhnlichen Autounfall zu Tode kam.

Ich merkte, dass trotz aller Faszination bei der Beschäftigung mit Selbstmördern in Literatur und Realität mir die Austauschmöglichkeiten fehlten über dieses große Tabu-Thema, mit dem fast etwas Mystisches verbunden war. Wenn auch noch unzureichend, findet doch inzwischen eine Enttabuisierung statt hin zu einer Sensibilität für die Aktualität und Brisanz des Themas. In christlichen Gemeinden scheint dieser Themenbereich noch immer besonders stark ausgespart oder aber Selbstmord schlicht als unverzeihliche Sünde abgetan zu werden. In der psychotherapeutischen Arbeit mit christusgläubigen Patienten, die mit ihrem Leben nicht mehr zurechtkamen, wurde oft eine besonders große Erleichterung spürbar, wenn sie ihre Selbstmordgedanken im geschützten Rahmen und ohne strafende Blicke oder Bemerkungen äußern konnten.

Dieses Buch ist als Brücke gedacht, die eine Verbindung schaffen soll zwischen den Ufern von wissenschaftlichen Erkenntnissen und Hintergründen zum Selbstmord einerseits und den manchmal hilflosen Helfern suizidaler Menschen andererseits. Es soll den Nebel der weit verbreiteten Mythen zum Selbstmord ein wenig auflösen, lebensmüden Menschen Hoffnung auf eine Chance in ihrer Lebenskrise vermitteln und hilfsbereiten Mitmenschen Möglichkeiten und Grenzen ihrer Hilfe aufzeigen.

Aus Gründen der einfacheren Lesbarkeit verwende ich nur die maskuline Form, wobei ich weibliche Personen jeweils mit einbeziehe. Ich verwende die Begriffe Patient, Ratsuchender und Suizidgefährdeter sowie Therapeut, Seelsorger und Helfer zur stilistischen Auflockerung im Wechsel und weise an den entsprechenden Stellen darauf hin, wenn ausschließlich ein Fachmann gemeint ist. Die zur Veranschaulichung gewählten Fallvignetten habe ich jeweils so entfremdet, dass sich niemand aus meiner Praxis darin wiederfinden kann. Allerdings entdeckt sich vielleicht der eine oder andere mir nicht bekannte Leser selbst darin. Dann könnte es daran liegen, dass wir Menschen uns in vielem sehr ähnlich sind und in existenziellen Notsituationen durchaus an die Frage nach dem Sinn des Lebens oder seiner freiwilligen Beendigung stoßen können.

Anne Christina Mess

(Nicht nur) Graue Theorie zum Suizid

Zahlen, Fakten und mehr ...

Suizid (= lat.: sui caedere, seine eigene Person hauen, schlagen, töten) ist ein Thema, das die Menschheit zu allen Zeiten begleitet und bewegt hat – gehört doch zur Auseinandersetzung mit dem Leben auch das Bewusstsein für den Tod, in diesem Fall als „frei" gewählt. Hinter jeder der folgenden Zahlen verbirgt sich das Schicksal eines Menschen, der diesen „freiwilligen" Tod wählte. Sie mögen sowohl informieren als auch ein Bewusstsein für die Notwendigkeit zu helfen wecken – Hilfe, die die Not wendet.

Nach Schätzungen der WHO (Weltgesundheitsorganisation) sterben weltweit jährlich knapp eine halbe Million Menschen durch Selbstmord. Er gehört in Europa und in den USA zu den 10 *häufigsten Todesarten*. Bei Studenten steht Suizid als Todesursache an 2. Stelle. Es sterben mehr Menschen durch Selbstmord als aufgrund eines Verkehrsunfalls. Das *Verhältnis* von *„gelungenen Suiziden"* zu *Suizidversuchen* ist ca. 1:10-20. Diese Zahlen sind nur schätzbar, da es eine hohe Dunkelziffer gibt. Manche Menschen tarnen ihren Selbstmord als „normalen" Unfall. Gründe hierfür können Schuldgefühle und Scham sein, oder die Betroffenen wollen ihren Angehörigen die Auszahlung der Lebensversicherung ermöglichen.

Suizid: eine der 10 häufigsten Todesarten

Das Land mit der höchsten Suizidrate ist Ungarn, gefolgt von Finnland, Schweden und Österreich.

Die Zahlen waren in den vergangenen Jahren pro Land immer ähnlich, in nationalen Krisenzeiten, z. B. während eines Krieges, wird ein Absinken der Suizidrate verzeichnet.

Um ein Empfinden für die abstrakten Zahlen zu bekommen, seien einige Beispiele genannt:

In der Schweiz mit ihren ca. 7,3 Mio. Einwohnern suizidierten sich 1999 1.296 Menschen. In Deutschland mit einer mehr als 10-mal so hohen Bevölkerungszahl waren es 1998 insgesamt über 14.000 Menschen. Allein in Hamburg, einer Großstadt mit ca. 1,7 Mio. Einwohnern, brachten sich im Jahr 1998 insgesamt 333 Personen, 220 Männer und 113 Frauen, um. Diese Relation gibt das übliche Geschlechterverhältnis von etwa 2:1 (Männer zu Frauen) wieder. Rein statistisch gesehen bringen sich in Deutschland jede Stunde ca. 1,5 Menschen um. Bei Selbstmordversuchen sind es etwa 2- bis 3-mal so viele Frauen wie Männer. Männer wählen eher „*harte*" Methoden (z. B. Erhängen, Erschießen, Sprung vor den Zug), Frauen eher „*weiche*" Methoden (z. B. Alkohol und Tabletten). Etwa ein Drittel aller Selbstmorde wird von Personen über 65 Jahren verübt. Ältere und alte Menschen sind also überproportional vertreten in der Selbstmordstatistik.

Pro Jahr ca. 14.000 Selbstmorde in der BRD

Die folgende Tabelle der Weltgesundheitsorganisation gibt Auskunft darüber, wie viele Suizide in ausgewählten europäischen Ländern auf 100.000 Einwohner treffen.

Tabelle 1: Selbstmordraten in ausgewählten europäischen Ländern (WHO 2002) pro 100.000 Einwohner

Land	Jahr	Männer	Frauen	Durchschnitt
Litauen	1999	73,8	13,6	43,7
Estland	1999	56	12,1	34
Lettland	1999	52,6	13,1	32, 8
Belgien	1995	31,3	11,7	21,5
Schweiz	1996	29,2	11,6	21,5
Frankreich	1997	28,4	10,1	19,25
Dänemark	1996	24,3	9,8	17
Deutschland	1998	21,5	7,3	14,4
Spanien	1997	13,1	4,3	8,7
Italien	1997	12,7	3,9	8,3
Portugal	1998	8,7	2,7	5,7
Griechenland	1998	6,1	1,7	3,9

Selbstmord als endgültige Problemlösung

Millionen von Einzelschicksalen verbergen sich hinter diesen Zahlen: Da ist der erfolgreiche Manager, der sich das Leben nahm, der Familienvater, der sich nach der Scheidung erschoss, die Mutter von zwei erwachsenen Kindern, die sich mit einem Fön in der Badewanne umbrachte. Diese Menschen haben gemeinsam mit allen anderen, die vorsätz- **Lebenskrise** lich aus dem Leben scheiden, dass sie sich höchstwahrscheinlich in einer *Lebenskrise* befanden, in einer Zeit des Umbruchs und Einbruchs, die sie zu überfordern schien. Der Begriff „Krise" leitet sich vom griechischen Wort „Krisis" ab und bedeutet *Entscheidung, Sichtung* und *Klemme*. Letzteres weist darauf hin, dass der sich selbst tötende Mensch keinen anderen Ausweg aus seiner Klemme sieht, in der er sich erlebt. Sein Blickwinkel verengt sich auf die vermeintliche Unlösbarkeit seiner Probleme, die Geschehnisse überschlagen sich und lösen Ängste, Panik und/oder Depressionen aus. Dabei schwinden Lebensmut, Willensstärke, Kraft und Handlungsmöglichkeiten zusehends.

Entstehungstheorien zum Selbstmord

Philosophen von der *Antike* bis zur *Gegenwart* sowie Forscher aus den Bereichen der Medizin, Soziologie, Biologie, Psychologie usw. haben sich immer wieder diesem existenziellen Thema zugewandt. Als Außenstehender ist es manchmal gar nicht nachvollziehbar, warum jemand nicht mehr leben möchte. Vielleicht denkt man dann: „Merkwürdig, er hat doch alles, ist gesund und kennt so viele nette Leute." Schauen wir uns daher das Zusammenspiel *verschiedener Faktoren* beim Suizid näher an.

Man kann vier Entstehungstheorien für suizidales Verhalten voneinander abgrenzen:

1. biologische Theorien

2. soziale oder soziologische Theorien
3. psychologische Theorien
4. religiöse Theorien

Biologische Theorien

J.E.D. Esquirol, der Pionier der biologischen Suizidforschung, legte die Wurzeln für die wichtigste biologische Theorie von Selbstmorden und Selbstmordversuchen, nämlich die Theorie der *Vererbung*. Der französische Psychiater Esquirol hatte beobachtet, dass es Familien gab, in denen sich Suizide häuften. Aufgrund familiärer Häufungen von Suiziden kamen die Forscher zu verschiedenen Hypothesen: Man überlegte, ob es eine Erbanlage für *Suizid* oder die vererbbare Disposition für *Depressionen* geben könnte. Es würde zu weit führen, einzelne Untersuchungsmethoden mit ihren Ergebnissen darzustellen. Als gesichert gilt inzwischen, dass nicht der Suizid als solcher vererbt wird, sondern wohl eine gewisse Unfähigkeit zur Impulskontrolle. In verschiedenen Studien zeigte sich außerdem, dass bestimmte psychische Krankheiten, die das Suizidrisiko erhöhen, auch eine erbliche Disposition haben. Weltweit befassten sich einige Forschergruppen mit der Frage, ob die Suizidalität mit Stoffwechselstörungen im Gehirn einhergehen könnte. Man vermutete bei *Schizophrenen* und *manisch-depressiv* sowie *depressiv* Kranken, die zu den Hochrisikogruppen für Suizid zählen, Veränderungen in den Nervenbotenstoffen des Gehirns. Wenngleich sich verschiedentlich tatsächlich biochemische Abweichungen finden ließen, müssen die Ergebnisse dennoch sehr vorsichtig interpretiert werden und sollen hier nicht näher vorgestellt werden.

(Randspalte: Vererbungstheorie)

(Randspalte: Botenstoffe im Gehirn)

Soziologische Theorien

Auch innerhalb der soziologischen Theorien war es ein Franzose, den man als Vorreiter in der Ursachenforschung bezeichnen kann. Der Soziologe Emile Durkheim publizierte sein Werk „Le Suicide" als epochales Werk innerhalb der Epidemiologie des Selbstmords bereits 1897. Vor nunmehr über hundert Jahren sammelte er als Erster die Todesursachen-Statistiken verschiedener Länder. Er legte für die Hypothesen seiner soziologischen Theorien die unterschiedliche Verteilung der Todesursachen und damit auch der Selbstmorde zugrunde. Der interessierte Leser sei auf sein Werk verwiesen (s. Anhang). Zusammenfassend soll es im Hinblick auf die Praxisorientiertheit dieses Buchs genügen, Durkheims Einteilung der Suizide zu benennen: Er vermutete, dass es aufgrund der nicht geglückten Anpassung des Individuums an die jeweilige Gesellschaft zu Selbstmord kommen kann. Er meinte ferner, dass die *Individuation* eines Menschen weder zu schwach noch zu stark sein darf, damit die Anpassung des Individuums an die Gesellschaft gelingt. So könne es dann zu *altruistischen Suiziden* einerseits oder aber *egoistischen Selbstmorden* andererseits kommen. Seine Einteilung umfasst zudem die *fatalistischen Suizide*, die aufgrund zu enger Normen begünstigt würden, und die *anatomischen Selbstmorde* als Folge zu weiter oder unbestimmter Normen. (Kritiker dieser hier nur kurz angeschnittenen Theorien weisen allerdings zahlreiche Gegenbeispiele nach.)

Nicht geglückte Anpassung an die jeweilige Gesellschaft

Altruistische oder egoistische Selbstmorde

Fatalistische und anatomische Selbstmorde

Die Überlegung Durkheims, dass auch soziale Faktoren bei der Entstehung der Suizidalität eine Rolle spielen, ist sicherlich nicht von der Hand zu weisen. In diesem Zusammenhang werden auch heute noch soziale und soziologische Faktoren erforscht wie Völker oder Staaten, rassische, religiöse oder örtliche Gegebenheiten usw. Last not least ist auch die *Familie* als kleinste soziologische und soziale Einheit ein wichtiges Mosaiksteinchen im Gesamtgefüge der Erklärungsansätze für Suizid. Es ist hierbei z. B. keinesfalls unerheblich, ob ein Mensch in einer gewalttätigen Familie aufwächst oder einen konstruktiven Umgang mit Aggressionen lernt.

Familie

Zu den soziologischen Theorien gehört auch die *Imitationshypothese*, die unter leicht variierenden Namen von verschiedenen Forschern untersucht wurde:

**Imitations-
hypothese**

Kreitman et al. (1969) sowie Welz (1979) stellten fest, dass Suizidversuche gehäuft im Freundes- und Bekanntenkreis betroffener Familien sowie in bestimmten Straßenzügen zu finden seien, und entwickelten die Imitationshypothese. Zu ähnlichen Ergebnissen kamen Schmidtke und Häfner (1986). Welz (1979) vertritt die Ansteckungshypothese und Philips (1974) formuliert die Suggestionshypothese. Allen drei Hypothesen ist gemeinsam, dass das suizidale Verhalten eines Modells (Vorbilds) nachgeahmt wird. Das imitierende Individuum bringt dabei bestimmte Voraussetzungen mit: seine (präsuizidale) Persönlichkeit, unzureichende Problemlösefertigkeiten in Lebenskrisen sowie länger andauernde soziale Belastungen und eine hohe Suggestibiltät, also eine starke soziale Beeinflussbarkeit. Es sind folglich bestimmte *Persönlichkeitsanteile* und *Verhaltensweisen*, die ein Mensch mitbringen muss, um sich zur Nachahmung des Selbstmords anstecken zu lassen.

**Lernen am
Vorbild**

Beispiele für dieses *Lernen am Modell*, d. h. am Vorbild, finden sich nach der Veröffentlichung von Goethes Werk „Die Leiden des jungen Werther" und nach der Ausstrahlung der TV-Sendung „Tod eines Schülers" in acht Folgen im Jahre 1981. In beiden Fällen folgte eine Suizidwelle unter der jeweiligen Bevölkerung.[*]

---

[*] Forschungen in Bezug auf die Fernsehserie kamen zu interessanten Ergebnissen:

Die Suizidrate stieg insbesondere bei den Menschen an, die dem Hauptdarsteller, der sich in suizidaler Absicht vor einen Zug geworfen hatte, am stärksten ähnelten. Es gab somit eine vorübergehende Zunahme der Suizide bei männlichen Jugendlichen im Alter von 15-19 Jahren, und auch die Wahl der Selbstmordmethode während und nach dem Sendezeitraum wurde deutlich stärker zugunsten des Springens vor einen Zug gefällt. Es liegt nahe anzunehmen, dass der durch die Fernsehsendung ausgelöste Suizidanstieg niedriger ausgefallen wäre, wenn sie andere Auswege für den Schüler aufgezeigt hätte und der Suizid mehr abschreckende Elemente enthalten hätte.

Auch in diesem Jahrtausend finden sich besorgte Stimmen, die sich gegen die Ausstrahlung von Fernsehkrimis wenden. In der Bild-Zei-

14

Wahrnehmungsübung

Ehe Sie weiterlesen möchte ich Sie dazu ermuntern, innezuhalten und auf Ihre psychische und körperliche Befindlichkeit zu achten.

▪ Was nehmen Sie an Gefühlen und Gedanken wahr, nachdem Sie die Passage über die Nachahmung von Selbstmorden gelesen haben?

▪ Fühlen Sie sich hilflos, spüren Sie Wut? Gegen wen richtet sich ggf. die Wut? Bekommen Sie Angst?

▪ Möchten Sie verhindern, dass Sendungen über Selbstmord in den Medien gezeigt werden?

Psychologische Theorien

Die ersten wissenschaftlichen Austauschforen zum Selbstmord fanden vor etwa hundert Jahren statt und hatten eine eindeutig *psychoanalytische* Ausrichtung. Sigmund Freud und Alfred Adler sind hier als bekannte Fachleute zu nennen, die sich gemeinsam mit Kollegen in Wien im Jahre 1910 darüber Gedanken machten, wie die steigenden Suizidraten bei Jugendlichen in Österreich und anderen mitteleuropäischen Staaten zu verstehen seien und wie man ihnen begegnen müsse. Auch in den folgenden Jahrzehnten waren es Psychoanalytiker, die sich mit dem Thema Suizid auseinander setzten und zu teilweise ergänzenden Ergebnissen, teilweise aber auch zu etwas unterschiedlichen Erklärungen der Suizidproblematik kamen. Sigmund Freud ging davon aus,

Sigmund Freud

Alfred Adler

---

tung vom 3.11.2002 können wir unter der Schlagzeile „Heute nicht Tatort gucken" folgende Warnung lesen: „Selbstmordszenen gefährden Jugendliche". Helle Aufregung vor dem *Tatort* heute Abend. Experten warnen: Sensible Menschen, vor allem Kinder und Jugendliche, sollten nicht gucken! Es geht um Suizid-Foren im Internet, in denen sich junge Leute zum Selbstmord verabreden. In einer Szene schneidet sich ein Mädchen die Pulsadern auf und verblutet qualvoll. „Die drastischen Szenen", befürchtet der Göttinger Psychotherapeut Hans Essers, „gefährden Jugendliche, weil sie die Todessehnsucht verstärken und zu Angstträumen führen können.

dass der Suizid mit *Aggressionen* zu tun hat, die eine Person gegen sich selbst richtet. Um die andere Person, der die Wut eigentlich gilt, nicht zu verlieren, greift ein Mensch sich selbst an, was zunächst zu Depressionen und später auch zu Selbstmord führen kann. Freud ging davon aus, dass die Aggression nicht angeboren, sondern die Folge davon ist, dass ein depressiver Mensch einem nahe stehenden Menschen gegenüber ambivalent eingestellt ist, ihm gegenüber eine *Hassliebe* empfindet (Freud 1920; 1975, s. Anhang).

Der Psychoanalytiker Karl Menninger (1938) vertritt in seinem Werk „Selbstzerstörung" eine von Freuds Ausführungen etwas abweichende Meinung zum Selbstmord. Vereinfachend gesagt, legt er den Schwerpunkt auf die vermutlich angeborene Tendenz des Menschen zur *Selbstzerstörung*, die ihm jedoch nicht bewusst sei und durch eine Schwächung des Ichs als triebregulierender Instanz zum Vorschein kommt.

In den siebziger Jahren des letzten Jahrhunderts erfuhren die bisherigen psychologischen Suizidtheorien durch die Narzissmustheorie von Kohut (1971) wesentliche Erweiterungen, die von Henseler (1974) noch weiter modifiziert wurden. Die *Narzissmustheorie* (mit ihren Fortführungen) ist für die Arbeit mit suizidalen Patienten sehr hilfreich. Ich werde sie daher so ausführlich darstellen, dass sie auch Laienhelfern als Verständnishilfe im Umgang mit suizidalen Menschen dienen kann.

Henseler setzte sich vorrangig mit der Entstehung suizidalen Verhaltens auseinander. Nach ihm weisen suizidale Patienten bestimmte Charakteristika auf, die für Menschen mit *Selbstwertproblemen* typisch sind. Man spricht hier von einer narzisstischen Problematik: Aufgrund ihres niedrigen Selbstwertgefühls zeigen diese Menschen gegenüber berechtigter oder auch unzutreffender Kritik eine auffällig hohe *Kränkbarkeit*. Um ihr Selbstwertgefühl gegenüber all diesen Kränkungen noch irgendwie zu retten, unternehmen manche dieser Personen einen Selbstmord oder Selbstmordversuch, wenn sich zu diesen vorangegangenen Kränkungen z. B. noch der Verlust eines geliebten Menschen oder des Arbeitsplatzes gesellt. Obwohl oder gerade weil das *Selbstwertgefühl zu schwach* ausgebildet ist, findet sich – gewissermaßen als Kompensation – eine meist unbewusste *Selbstüberschätzung*. Manche dieser Menschen sind sich beider Seiten bewusst und erleben sie im Wechsel. Andere nehmen entweder nur ihr mangelndes Selbstwertgefühl oder aber ihre Größenfantasien wahr.

Neben dieser unrealistischen Einschätzung in Bezug auf die eigene Person und die eigenen Fähigkeiten zeigt sich bei einer narzisstischen Problematik zusätzlich eine *Fehleinschätzung der Mitmenschen* mit ihren Eigenarten und Bedürfnissen. Narzisstisch gestörte Menschen zeigen ein mangelhaftes Einfühlungsvermögen, wodurch sie z. B. ihren Ehepartner häufig verletzen. Solche Ehen kennzeichnet die fatale Situation, dass der Partner mit der narzisstischen Problematik sein Gegenüber zwar für sein eigenes seelisches Gleichgewicht dringend braucht, aber ihn in *seinen* Wünschen, Bedürfnissen und Grenzen so gut wie überhaupt nicht wahrnimmt. Die Spannungen, Auseinandersetzungen und letztendlich Trennungen solcher Beziehungen sind nur eine Frage der Zeit und unausweichlich, falls an der narzisstischen Problematik nicht mit fachmännischer Hilfe gearbeitet wird.

Fehleinschätzung der Mitmenschen

Wenn narzisstisch gestörte Persönlichkeiten gekränkt werden, kann es zu massiven aggressiven Ausbrüchen kommen, die wiederum das Opfer dieser Attacken dazu bringen, die Beziehung zu beenden oder zumindest Trennungsabsichten zu äußern. Häufig sind diese Partnerschaften aber für den Menschen mit der Selbstwertproblematik lebensnotwendig, sodass er – mangels Partners – aufkommende *Aggressionen gegen sich* selbst richtet. In letzter Konsequenz kann dies einen Suizidversuch oder Selbstmord bedeuten.

Aggressionen gegen sich selbst

Gemeinsam haben die Theorien von Henseler mit Freuds Depressionstheorie, dass der depressive Mensch von der anderen Person abhängig ist und, um diese nicht zu verlieren, seine aufkommenden Aggressionen gegen sich selbst richtet. Viele psychoanalytischen Theorien zum Selbstmord setzen eine bestimmte *Kindheitsentwicklung* voraus. Es gibt jedoch noch keinerlei empirische Studien, die diese Hypothese eindeutig belegen.

Verschiedene Forscher, insbesondere der siebziger und achtziger Jahre, widmeten sich dem bei Suiziden immer wieder bedeutsamen Faktor der *menschlichen Bindung*. Ich verzichte hier auf eine detaillierte Darstellung der einzelnen Arbeiten und möchte deren Ergebnisse etwas simplifizierend zusammenfassen. Man hatte verschiedentlich festgestellt, dass bei der weit überwiegenden Mehrzahl der Suizidanten neben sozialer Isolation eine Trennung oder eine

drohende *Trennung* von einer wichtigen Person der Auslöser für den Suizid gewesen war. Dieser kann hier als ein Appell an die Bindungsbereitschaft der Bezugsperson gesehen werden, sie möge nicht gehen bzw. zurückkommen. Die Motivation dabei ist: entweder den *Partner zurückzugewinnen* oder aber durch den eigenen Tod der befürchteten *Trennung zuvorzukommen*. Trennungsschmerz ist sowohl für Kinder als auch für Erwachsene seelisch extrem belastend und in Kombination mit sozialer Isolation wohl eine der größten Bedrohungen des menschlichen Seins. Forschungen im Bereich menschlicher Bindungen zeigen, dass sich der menschliche Überlebenswillen gegen zu starken Trennungsschmerz und eine reale oder befürchtete soziale Isolation im Extremfall nicht mehr durchsetzen kann, sodass Selbstmorde wahrscheinlicher werden.

Religiöse Theorien

Selbstmord aus religiösen Gründen findet man in verschiedenen Religionen. Dabei ist die Zielrichtung durchaus unterschiedlich: Wenn wir an die Flugzeugattentäter auf das World Trade Center in New York vom 11. September 2001 denken, war ihre Motivation und Bereitschaft, als Moslems in den Tod zu gehen, etwas, das sie für ihren Glauben und für Allah, ihren Gott taten. Dass es sich hierbei um *religiöse Fanatiker* handelte, die verantwortungslos Tausenden von Unschuldigen das Leben nahmen, braucht sicherlich nicht diskutiert zu werden.

Das *Harakiri* (oder Seppuku), das manche Japaner machen, ist aus ihrer Sicht ein religiöses Opfer, das zudem eng mit ihrem Ehrbegriff zusammenhängt.

Auch bei den verschiedenen Selbstmorden von Menschen, die in der *Bibel* beschrieben werden, geht es teilweise um die *Ehre*, wie wir später noch sehen werden. Zunächst einmal kann man der Bibel im Alten Testament entnehmen, dass der Mensch Eigentum Gottes und das Leben ein Geschenk ist. Aus dem Gebot „Du sollst nicht töten" lässt sich ableiten, dass ein Mensch weder andere noch sich selbst töten soll. Eine direkte Verurteilung des Selbstmords ist jedoch weder aus dieser noch aus anderen Textstellen zu entnehmen. Während eine *moralische Verurteilung* des Selbstmords im Alten Testament auch im Zusammenhang mit den sechs beschriebenen Selbstmorden nicht zu finden ist, wird sie später in nachchristlicher Zeit sehr wohl von einflussreichen Klerikalen vorgenommen. Der Kirchenvater *Augustinus* (354-430 n. Chr.) z. B. verurteilte die Selbsttötung und erklärte sie als sündig und verboten. Unter Sünde wird die Abkehr von Gott und seinem Willen verstanden, woraus sich die Theorie ableiten lässt, dass suizidale Gedanken oder Handlungen die Folge des Lebens ohne Gott sein könnten. Ohne an dieser Stelle vertiefend auf die Einstellung der christlichen Kirche zum Selbstmord eingehen zu können, lässt sich festhalten, dass sie zwischenzeitlich zu einem toleranteren Umgang mit Selbstmördern gefunden hat. (Zur Vertiefung des Themas s. Alvarez; Haenel; Lecky; Pohlmeier, s. Anhang.)

Manchmal hört man in den Medien von Massenselbstmorden, die in Sekten passieren. *Sekten* können zu Ersatzreligionen werden, und ihre Führer gebärden sich nicht sel-

Die Bibel: keine moralische Verurteilung des Selbstmords im AT

Augustinus: Selbsttötung ist Sünde

Massenselbstmord in Sekten

19

ten als Halbgötter, die ihre Mitglieder durch mitunter schlimmste Methoden in Abhängigkeit und Willenlosigkeit treiben. Manche der Gurus fühlen sich am Ende ihrer teilweise kriminellen und Seelen zerstörenden Machenschaften derartig in die Enge getrieben, dass sie ihre Gruppe und sich ermorden oder aber die Mitglieder zum „Selbstmord" zwingen. Hierbei handelt es sich allerdings viel mehr um ein tragisches, trauriges und einsames Ende von Menschen, die zu lange gehorcht haben und sich nicht rechtzeitig von ihrem destruktiven Führer trennen konnten. Dieser kurze Hinweis auf angeblich religiöse Hintergründe von „Massenselbstmorden" muss an dieser Stelle genügen. Für das tiefere Verständnis zum Thema Sekten empfehle ich das Buch der amerikanischen Psychologieprofessorin M. Singer mit dem Titel „Sekten" (s. Anhang).

Welche Menschen denken an Selbstmord und sind besonders gefährdet?

Bei dieser Doppelfrage müssen wir die Hochrisikogruppen für Suizid von jenen Menschen differenzieren, die „nur" an Selbstmord denken, ohne ernsthafte Pläne zu entwickeln. Wie wir später noch genauer sehen werden, kann der Gedanke an Selbstmord die verschlüsselte Botschaft enthalten, dass jemand eine Auszeit braucht, quasi eine Art Dauerschlaf, um sich von einer länger anhaltenden Belastungssituation zu erholen. Jemand anders setzt Selbstmorddrohungen vielleicht ein, um sich für erfahrenes Unrecht zu rächen oder um sich bei seiner Umwelt durchzusetzen. Ob aus diesen Gedanken tatsächlich konkrete Absichten oder Taten werden, hängt von verschiedenen lebensgeschichtlichen sowie Persönlichkeitsfaktoren ab.

Jeder Fünfte hat Selbstmordgedanken

Wenn wir ehrlich sind, fallen uns sicherlich Menschen aus unserem Freundes- und Verwandtenkreis ein, die schon einmal daran gedacht oder vielleicht auch ernsthaft darüber gesprochen haben, sich umzubringen?! Möglicherweise müssen wir uns selbst auch dazu zählen, denn immerhin kennt jede fünfte bis sechste Person solche Gedanken.

In meiner Praxis sind mir Patienten begegnet, die Selbstmordgedanken als einen *Hilferuf* oder *Appell* äußerten und mir zugleich ihre Fluchttendenzen signalisierten. Auf Nachfragen zeigte sich, dass sie massiv unter ihren starken und scheinbar nicht zu verändernden beruflichen oder zwischenmenschlichen Belastungen (*Stress*) litten.

Hilferuf oder Appell

Die gravierendsten Lebensereignisse, die Stress auslösen können, sind:

- Verlust eines geliebten Menschen durch den Tod
- Scheidung
- starke Zerwürfnisse oder Zurückweisung
- Verlust des Arbeitsplatzes

Diese Stressoren gehen mit starken Enttäuschungen einher und können den Verlust des bisherigen Lebensinhalts bedeuten. Besonders einschneidend und belastend kann der Tod des Partners oder des eigenen Kinds sein, wodurch u. U. das eigene Lebensziel auf einmal wegbricht. Selbstmordgedanken in diesem Zusammenhang sind nicht selten von dem Wunsch motiviert, dem verstorbenen Menschen nachzufolgen. Es gibt Menschen, die aus ihrer persönlichen Sicht bisher noch nie wirklich ein lohnendes Ziel oder eine tiefe Befriedigung in ihrem Leben finden konnten. Dies ist mir besonders in der Psychotherapie von Patienten aufgefallen, die in einem sog. *Broken Home* aufwuchsen, d. h. in einem Elternhaus mit Gewalt, Alkoholismus, Arbeitslosigkeit, Scheidung, Kinderheim, Tagesheimbetreuung usw. All diese Belastungen wirken umso stärker, je länger sie andauern und je mehr von ihnen im Laufe des Lebens eines Menschen bereits aufgetreten sind und psychisch nur unzureichend verarbeitet wurden.

Verlust des Lebensziels

Sinnlosigkeit

Menschen in sozialer Isolation und Vereinsamung bilden eine weitere Risikogruppe sowie Verfolgte (aus rassischen,

Verfolgte und Flüchtlinge

religiösen, sexuellen oder politischen Gründen) und Flüchtlinge.

An eine erhöhte Selbstmordgefahr sollten wir im Umgang mit jenen Menschen denken, die über einen länger anhaltenden Zeitraum massive *Angst* haben. Diese bezieht sich häufig auf eine drohende Gefahr wie z. B. ein Leiden, der Tod, die Entdeckung einer Schuld, eine chronische Krankheit oder den sozialen Abstieg. Wie wir später noch sehen werden, kann Selbstmord eine „ansteckende Wirkung" haben, d. h. von Menschen nachgeahmt werden, in deren Umfeld zuvor ein Suizid geschah. Last not least zählen Personen, die bereits einmal einen *Selbstmordversuch* unternommen haben, zur Gruppe der Gefährdeten.

Angst

Im mittleren bis höheren Lebensalter, etwa ab dem 60. Lebensjahr steigt die Selbstmordgefahr, wobei ältere alleinstehende Männer besonders gefährdet sind. Der Altersgipfel bei den Suizid*versuchen* liegt zwischen 15 und 25 Jahren (s. a. folgendes Kapitel „Selbstmord bei Jugendlichen"). In Bezug auf den Personenstand sind *Geschiedene* am meisten gefährdet, sich umzubringen; zur Konfession lassen sich keine sicheren Angaben machen. „*Gelungene*" Suizide finden sich bei Angehörigen der Oberschicht (vorrangig bei Männern) sowie bei ungelernten Arbeitern. Der Zusammenhang zwischen Suizid und Arbeitslosigkeit ist gesichert. Selbstmord*versuche* finden sich eher in der Unterschicht oder in der unteren Mittelschicht. Entgegen der Meinung vieler Menschen, die annehmen, in der Weihnachtszeit gebe es die meisten Selbstmordkandidaten, lässt sich vielmehr ein *Frühjahrsgipfel* bei Suiziden nachweisen. Es gibt ein *Stadt-Land-Gefälle*, d. h., in ländlichen Regionen ist die Selbstmordrate niedriger. Die Suizidrate bei *psychisch Kranken* ist ca. 10- bis 20-mal höher als in der Gesamtpopulation.

Geschiedene sind besonders gefährdet

Stadt-Land-Gefälle

Selbstmord bei Jugendlichen

In Tageszeitungen findet man immer wieder einmal erschreckende Berichte darüber, dass zwei Jugendliche gemeinsam von einer Brücke in den freiwillig gewählten Tod gesprungen sind. Man spricht hierbei von *Doppelsuiziden*, die ca. 1% aller Suizide ausmachen und auch bei Ehepaaren vorkommen. In unserem hochtechnisierten Zeitalter kann man in Internetforen an der virtuellen Kommunikation zwischen Jugendlichen teilhaben. Um einen Einblick darüber zu ermöglichen, wie so ein Chat sich liest, gebe ich im Folgenden in leicht abgewandelter Form, aber mit vergleichbarem Inhalt einen Gesprächsausschnitt aus dem World Wide Web wieder. Ich möchte Sie als Leser dazu einladen, sich in die jungen Menschen mit ihren internet-typischen anonymen Namen für eine Weile einzudenken und einzufühlen:

Doppelsuizide

Santa Maria, 15

„Wieso meinen eigentlich die meisten selbstmord sei doch kene lösung? Na ja einerseits ist es schon n feler einfach wegzulaufen und sich umzubringen. Aber andererseits hat man dann entlich alles hinter sich! Mann bekommt nix mehr mit und ist weg aus dieser welt. Raus einfach raus ... das wäre doch schön man muss ja nicht gleich von einer brücke springen. Mann muss sich ja nicht weh machen dabei es reicht auch wenn man ein auto in ner garage anmacht. Ach, dies leben ist so scheisse! Was soll mann hier noch machen ist doch alles sinnlos! Wenn ma wegläuft hat man ja immer noch die scheissgedanken wo einen verfolgen! Schreib mir bitte was dazu."

Selbstmord, 19

„Hm... ne menge Rechtschreibfehler drin aber die hat ja jeder, hihi ;-) ne ne, du bist ja erst 15, mach bloss noch was aus deinem leben."

Santa Maria, 15

„Und was? Hab null bock mehr und kein Sinn was aus meinem leben zu machen. Oder anders gesagt: ich find einfach kein richtigen Grund."

... der Chat geht ähnlich weiter, dann schalten sich weitere Personen ein, die teilweise neue Probleme einbringen, aber auch auf die geschilderten eingehen. Zum Beispiel:

> Dino:
> „Hi
> Dachte so, dass ich jetzt doch mal was dazu schreibe. Ich wollte auch schon oft genug Schluss machen, aber glücklicherweise ging der Tunnel vorbei. Alleine kriegt man das nicht geregelt, da muss man sich schon Hilfe holen. Vielleicht sogar in einer Klinik, die mir sehr geholfen hat. Ich bin echt froh, dass es solche Institutionen gibt, auch wenn sie erst mal wie eine Käseglocke sind. Man ist erst mal total abgeschirmt, aber wenn man dann zur Ruhe kommt, kann man da echt an seinen Problemen arbeiten. Ich hab diesen riesigen Albtraum jetzt hinter mir, ab und zu holt er mich nochmal ein. Aber jetzt kann ich damit besser umgehen. Kämpft unbedingt weiter, es lohnt sich echt, ich wünsche Euch alles Liebe."

Erschreckenderweise nimmt die Zahl der Kinder (!), die sich umbringen, zu. Nicht minder Besorgnis erregend ist die Suizidgefährdung Jugendlicher. Aufgrund meines Schwerpunkts in der Arbeit mit hauptsächlich Erwachsenen und bisweilen auch älteren Jugendlichen möchte ich mein Augenmerk hier nicht auf die Selbsttötung bei Kindern legen.

Die meisten jungen Menschen erleben ihre *Pubertät* als eine Zeit, die neben den körperlichen Veränderungen einhergeht mit starken Stimmungsschwankungen bis hin zu Minderwertigkeitsgefühlen oder auch Selbstzweifeln. In dieser Lebensspanne werden hohe *Anforderungen* an die Entwicklung der Persönlichkeit des oder der Jugendlichen gestellt; nicht selten kommt es dabei zu Erschütterungen des Selbstwerts und des bisherigen Weltbilds. Das vertraute Ufer der Kindheit muss verlassen werden und das erahnte Ufer des Erwachsenseins hüllt sich noch in mehr oder weniger dich-

Pubertät ist eine Zeit hoher Anforderungen

Veränderungen machen Angst

ten Nebel. Sowohl der junge Mensch als auch seine Familie und Freunde merken, dass er nicht mehr derjenige ist, der er bisher war. Somit bekommt er für manche der alten, abgelegten Verhaltensweisen keine Anerkennung mehr. In dieser Phase der Neuorientierung tritt er unabsichtlich in manches Fettnäpfchen und erntet so zusätzlich Aufsehen, Kritik oder Ärger. Zu diesem Lebensabschnitt gehört immer auch ein Abschiednehmen, ein Loslassen des Vertrauten, das unaufhaltbar vergeht und nicht selten von Trauer begleitet wird. Es ist eine Erfahrung unseres Menschseins, dass *Veränderungen* verunsichern oder sogar *Angst* machen können. Bei günstig verlaufender Entwicklung findet der junge Mensch schrittweise in seine neue Rolle als Erwachsener hinein und kann die krisendurchwachsene Übergangszeit letztendlich als erfolgreich bewältigt hinter sich lassen. Schauen wir uns die Krisen des Jugendalters einmal näher an, stellen wir fest, dass sie zu einem großen Teil mit zwischenmenschlichen Bindungen zu tun haben. Wir Menschen sind *Beziehungswesen* und es kann uns emotional tief erschüttern, wenn es in Freundschaften, mit den Eltern oder im Kollegenkreis zu einer Krise kommt. Das chinesische Wort für *Krise* setzt sich interessanterweise aus zwei Schriftzeichen zusammen: Das eine bedeutet *„Gefahr"*, das andere *„Chance"*.

Menschen sind Beziehungswesen

Krise = Chance + Gefahr

Typische Krisensituationen für Jugendliche sind:
- Konflikte mit den Eltern
- Wiederholung einer Schulklasse
- Das erste Verliebtsein und das Zerbrechen der ersten Freundschaft
- Lehrstellenmangel und/oder Leistungsdruck in der Lehre
- Infragestellen des bisherigen religiösen Hintergrunds/ Glaubens
- Tod einer nahe stehenden Person (Elternteil, Geschwister, Freund u. a.)
- Eine Kombination aus mehreren Faktoren

Wenn wir davon ausgehen, dass das Leben immer wieder neue Lektionen für uns bereithält, die wir lernen sollen, so geht es bei den o. g. Aufgaben zunächst einmal darum, das passende Handwerkszeug zur *Bewältigung* dieser erstmals im Leben auftauchenden *Herausforderungen* zu entwickeln. Dadurch füllt sich der „persönliche Werkzeugkoffer" mit Bewältigungsmöglichkeiten für später im Leben auftretende vergleichbare Probleme. Im ungünstigen Fall kann sich ein heranwachsender Mensch aber mit seiner derzeitigen schwierigen Lebenssituation überfordert und allein gelassen fühlen. Seine Bewältigungsstrategien genügen in diesem Fall nicht und er gerät somit in eine zunehmende innere Bedrängnis, wodurch sich seine Krise zuspitzt und im Extremfall zu Selbstmordabsichten führt.

Viele *Symptome*, die bei *Depressionen* auftreten können, finden sich auch bei selbstmordgefährdeten Menschen wieder. Diese Symptome können bereits bei *Kindern* und *Jugendlichen* vorkommen. Wenn Eltern bei ihnen mehrere der folgenden Indikatoren beobachten, sollten sie mit ihrem Kind sprechen und sich gegebenenfalls auch Unterstützung durch den Kinderarzt oder einen Kinder- und Jugendpsychiater holen. Die Veränderungen lassen sich drei Ebenen zuordnen:

a) Verhaltensebene
- Verändertes Essverhalten mit Appetitlosigkeit, Essanfällen oder Unregelmäßigkeiten
- Konsum von Drogen oder Alkohol
- Gewalttätigkeit, rebellisches Verhalten oder Weglaufen und Umherstreunen
- Unübliche Vernachlässigung der Kleidung und der äußeren Erscheinung
- Andauernde Langeweile, Konzentrationsschwierigkeiten und/oder Nachlassen der Leistungen in der Schule

b) Zwischenmenschliche Ebene
- Rückzug von Familie und Freunden, aus dem Sportverein, aus der Jugendgruppe usw.
- Desinteresse an gemeinsamen Aktivitäten, die früher Freude bereiteten
- Abwehr von Lob und Anerkennung
- Ablehnung von Geschenken
- Aussagen wie: „Es ist alles so sinnlos!" – „Mit mir habt ihr bald kein Theater mehr." – „Ich nehm schon Abschied." – „Ich weiß nicht, ob ich Tante Rosamunde nochmal wiedersehe?!"
- Unerwartetes Aufräumen des eigenen Zimmers
- Verschenken von geliebten Gegenständen oder Haustieren

c) Körperliche und psychische Ebene
- Veränderung der Persönlichkeit
- Zunehmende Klagen über psychosomatische Beschwerden, d. h. körperliche Symptome, die mit Gefühlen zusammenhängen, z. B. Kopfschmerzen, Magenschmerzen, Übelkeit, Müdigkeit usw.
- Äußerungen darüber, dass man das Gefühl hat, innerlich zugrunde zu gehen oder zu verfallen
- Depressionen
- Plötzliche Fröhlichkeit nach einer depressiven Phase

Möglicherweise bewirkt die Auflistung der Veränderungen, dass die Frage entsteht, welche Faktoren dazu beitragen, dass ein Kind innere *Sicherheit und Stabilität* in seiner Familie entwickeln kann. Dazu verweise ich auf C. und F. Fabiano: „Mut zur Reife" (s. Anhang).

Sicherheit in der Familie und Ablösung von der Familie

Pubertät und Erwachsenwerden haben immer mit emotionaler, aber meistens auch mit räumlicher *Ablösung* zu tun. Hierfür braucht der Jugendliche und später dann junge Erwachsene stabile Beziehungen sowohl zu den Eltern als auch zu Freunden. Letztere werden zunehmend wichtiger für den jungen Menschen, was für die Eltern manchmal nicht leicht zu ertragen ist. Es ist eine Tatsache, die sich in allen Generationen wiederfinden lässt, dass häufig Mütter große Mühe haben, ihre Kinder flügge werden zu lassen.[*] Hilfreich – bei allem Schmerz des Loslassens – ist für den oder die Jugendliche zu merken, dass die Beziehung zu den Eltern nicht grundsätzlich ins Wanken gerät, wenn sie selbstständiger werden und eigene Wege gehen. Mögen diese vielleicht auch einmal Umwege sein – zumindest aus der Sicht der lebenserfahreneren Eltern. Ohne *Toleranz* gegenüber der wachsenden *Eigenständigkeit* der Kinder werden für diese aus den normalen Fragen nach dem Sinn des Lebens zunehmend:

Toleranz gegenüber der Eigenständigkeit der Kinder

- Selbstzweifel
- Verzweiflung über das eigene Leben
- Hoffnungslosigkeit und Resignation
- Wut, die nicht ausgedrückt werden kann oder darf (aus Angst, die Eltern ganz zu verlieren und noch einsamer zu werden)
- Rückzug von Freunden
- Einsamkeit
  bis hin zu einem riesigen inneren Chaos mit Selbstmordgedanken oder gar einem „geglückten" Suizid.

---

[*] Mit dem Loslassen ist keinesfalls ein Fallenlassen gemeint, welches sehr lieblos und verantwortungslos wäre. Es geht vielmehr darum, den erwachsen werdenden Nachwuchs so weit allein laufen zu lassen wie möglich *und* so sehr zu *unterstützen* wie nötig. Hierfür gibt es leider kein Patentrezept, aber auf einer entwicklungspsychologisch gesehen reiferen Ebene geht es um vergleichbare Prozesse wie beim Laufenlernen eines Krabbelkinds, das sich dann peu à peu in die senkrechte Position begibt, zunächst noch die elterliche stützende Hand benötigt und eines Tages ganz allein läuft. Nur Rabeneltern kämen auf die Idee, ihr kleines Kind einfach sich selbst zu überlassen oder ihm nach dem nun einmal dazu gehörenden Stolpern nicht wieder auf die Beine zu helfen.

Zusammenfassend können wir – etwas vereinfachend – festhalten, dass die Selbstmordgefährdung Jugendlicher durch *vier Hauptkomponenten* beeinflusst wird:

- Innere Sicherheit und Stabilität im bisherigen Leben
- Anzahl und Intensität der Herausforderungen in der aktuellen Lebenssituation
- Eigene vermutete und tatsächliche Bewältigungsmöglichkeiten
- Beziehung zu Eltern und Freunden sowie deren Unterstützung

Geschlechtsspezifische Lebensereignisse bei der Entstehung von Suizidalität

Es gibt zwischen Männern und Frauen neben den biologischen Unterschieden auch Verschiedenheiten, die den Umgang mit Gefühlen oder die Strategien der Problemlösung betreffen. Neben den Lebensereignissen („life events"), die sowohl Männer als auch Frauen mit der Sinnfrage konfrontieren, finden sich auch größere Belastungen, die geschlechtsspezifisch sind.

Typische Lebensereignisse, die Frauen in eine Krise stürzen können, sind zum Beispiel:

- Erwachsene Kinder, die aus dem Hause gehen, oder aber auch Schulkinder, die auf ein Internat kommen
- Die Wechseljahre, die sowohl hormonelle als auch psychische und kräftemäßige Veränderungen bedeuten
- Torschlusspanik, wenn der Kinderwunsch versagt bleibt

Krisenträchtige Lebensereignisse für Männer sind:

- Jobverlust
- Ende der Karriere oder befürchtetes Ende des beruflichen Aufstiegs
- Nachlassende körperliche Kraft oder Attraktivität
- Plötzlich selbstständig werdende und selbstbewusste (Ehe-)Partnerin, die das bisherige Ehe-/Partnerschaftsmodell hinterfragt

Welche psychisch Kranken sind gefährdet?

Wie wir gesehen haben, gibt es Phasen im Leben der meisten Menschen, in denen die Herausforderungen so stark sind, dass der Wunsch nach einer Auszeit aufkommen kann. Solche Wünsche oder Gedanken sind noch kein Grund, jemanden als psychisch krank zu bezeichnen. Denn nicht alle Menschen, die Selbstmord begehen oder einen Suizidversuch unternehmen, sind psychisch krank. Ebenso wenig sind all jene Menschen, die den Suizid unter Alkoholeinfluss verüben, zwangsläufig alkoholsüchtig. Etwa 20 Prozent der Menschen trinken allerdings vor ihrem Selbstmordversuch Alkohol, wodurch Angst und Hemmungen reduziert werden und der Mut, die suizidale Handlung tatsächlich durchzuführen, erhöht wird. Alkoholisierte Menschen sind häufig gewaltbereiter und vermutlich eher willig, die (in nüchternem Zustand verdeckten!) Aggressionen tatsächlich gegen sich zu richten.

Psychische Krankheit und Alkohol

Ich habe mehrere Jahre mit suchtkranken Menschen gearbeitet und konnte beobachten, was die Forschung und Literatur ebenfalls beschreibt: Drogen, aber auch Süchte wie Bulimie und Anorexie fördern das Empfinden, vom Suchtmittel gefangen genommen zu sein, keine Kontrolle zu haben und dieser Gefangenschaft nicht entkommen zu können. Hierdurch kann es zu maximaler Hoffnungslosigkeit kommen, die in Selbstmordfantasien gipfelt. Bei genauerer Betrachtung stand vor der Suchtentwicklung noch eine andere psychische Störung wie Depression, pathologische Angst oder eine Persönlichkeitsstörung. Vielleicht durch Zufall, vielleicht durch elterliches Vorbild oder den Wunsch, zu einer bestimmten Clique dazuzugehören, versucht solch ein depressiver oder sehr ängstlicher Mensch, über den Alkohol Entlastung für seine psychischen Probleme zu bekommen. (Zur Entstehung und Aufrechterhaltung von Süchten s. Constam; Horie; Rieth; Schiffer; Schmidt im Anhang.)

Suchtmittel

Es gibt psychische Störungen, die eng mit dem Suizid verknüpft sind. Je nach wissenschaftlicher Untersuchung

30

liegt der prozentuale Anteil psychisch kranker Menschen innerhalb all der Personen, die überhaupt einen Selbstmordversuch unternehmen, bei 30 bis 70 Prozent. Dies bedeutet umgekehrt nicht, dass 30 bis 70 Prozent aller psychisch Kranken Suizidabsichten haben. Die am häufigsten auftretenden psychischen Störungen bei Suizidalität sind:

- Schizophrenien
- Affektive Störungen (insbes. bipolare und depressive Störungen)
- Süchte
- Persönlichkeitsstörungen

Eine erhöhte Suizidalität findet sich auch bei Patienten mit Panikstörungen sowie bei Menschen mit Anfallsleiden.

Zur Veranschaulichung möge jeweils ein Beispiel zu jedem der o. g. vier psychiatrischen Störungsbilder dienen:

Schizophrenien
Ein 40-jähriger arbeitsloser Mann mit einer rezidivierenden (wiederholten) paranoid-halluzinatorischen Schizophrenie (er fühlte sich verfolgt und hörte Stimmen) wurde in einer psychiatrischen Klinik aufgenommen. Er sprang nach wenigen Tagen aus dem Fenster und überlebte diesen Sturz schwer verletzt. Anschließend darüber befragt, gab er an, dass eine Stimme (die für niemanden sonst hörbar ist) ihm befohlen habe, zu springen.

Affektive Störungen
Bei einem Praktikum gegen Ende meines Psychologie-Studiums lernte ich auf der geschlossenen Station einer psychiatrischen Klinik eine Patientin von Mitte 40 kennen, die schon ca. 15-mal auf dieser oder offenen Stationen eingeliefert worden war. Sie litt unter einer manisch-depressiven Erkrankung und unternahm immer wieder in ihren depressiven Phasen einen Selbstmordversuch. Bislang war sie jeweils gefunden worden. Sie konnte nach

31

psychischer Besserung (aufgrund von Medikamenten, die in den Hirnstoffwechsel eingreifen) immer wieder entlassen werden. Zu Hause wurde sie von einer Sozialstation betreut und konnte ihren Alltag größtenteils allein organisieren. Manchmal geriet sie in manische Phasen, die zunächst für Außenstehende nicht erkennbar waren. Hierbei konnte es passieren, dass sie meinte, fliegen zu können, was dazu führte, dass sie nach dem Sturz vom Balkon zunächst auf die Chirurgische Notaufnahme gebracht werden musste. Dort fiel sie wegen ihrer euphorischen Stimmung, ihrer Antriebssteigerung und Selbstüberschätzung auf und wurde daraufhin sobald wie möglich wieder in die psychiatrische Klinik verlegt.

Süchte

Es gibt Drogenabhängige, die sich nach Jahren der Gefangenschaft in ihrer Sucht, nach vielleicht bereits mehreren erfolglosen Versuchen, „clean" zu werden und ein drogenfreies Leben zu führen, den sog. goldenen Schuss setzen. Sie wissen, dass es sich hierbei um eine Überdosis z. B. von Heroin handelt, und nehmen den Tod in der Ausweglosigkeit, die sie erleben, in Kauf. Ich erinnere mich an einen früheren Patienten, der exemplarisch für manche trockene Alkoholiker genannt sei. Nennen wir ihn Herrn W. Herr W. lebte nach seiner Entlassung aus einer Nachsorgeeinrichtung für suchtkranke Männer auch weiterhin ohne Alkohol und kam damit gut zurecht, wie er einmal schrieb. In seinem Abschiedsbrief, den man einige Jahre später nach seinem Suizid bei ihm fand, war zu lesen, dass er seinem Leben aber dennoch nichts abgewinnen könne, immer wieder große Enttäuschungen in partnerschaftlichen Beziehungen und Probleme mit Kollegen habe, denen er sich nicht gewachsen fühle.

Persönlichkeitsstörungen (hier: Borderline-Typus)

Ein 23-jähriger Mathematikstudent wurde von einem niedergelassenen Psychiater zur stationären Behandlung in eine psychiatrische Klinik überwiesen. Der Patient fiel auf der Station insbesondere dadurch auf, dass er Angstanfälle bekam und bisweilen mit einer Alkoholfahne angetroffen wurde. Hierzu sagte er, dass er manchmal wie unter einem inneren Drang stehe, Alkohol trinken zu müssen. Die Beziehung zu seiner behandelnden Ärztin gestaltete er anfänglich so, dass er sich sehr kooperativ zeigte und ihr viele Komplimente machte. Nach kurzer Zeit kritisierte und entwertete er sie zunehmend und hinterfragte alle bisherigen Therapiefortschritte. Die Nachtschwester fand ihn bei einem nächtlichen Rundgang schlafend im Aufenthaltsraum, wo er versucht hatte, sich mit Rasierklingen die Pulsadern aufzuschneiden.

All diese psychischen Krankheiten sollten fachärztlich behandelt werden. In akuten suizidalen Krisen brauchen psychisch Kranke unbedingt einen Arzt oder eine Klinik. In solchen Fällen sollte man keinesfalls zögern, denn die Suizidrate bei psychisch Kranken ist 10- bis 20-mal höher als in der Allgemeinbevölkerung.

Hintergründe von suizidalem Erleben und Verhalten

Nachdem wir Risikofaktoren und Auslöser für Suizidalität beleuchtet haben, wollen wir uns nun den mehr in der Person selbst liegenden Faktoren zuwenden sowie den Zielen, die sie mit ihren Absichten und Plänen verfolgt.

Mischformen der Motivation

Wie bei allen Kategorisierungen gibt es auch bei dieser in der Fachliteratur verschiedentlich beschriebenen und klinisch als brauchbar erwiesenen Einteilung nicht immer eine Reinform, sondern bisweilen *Mischformen* aus verschiedenen Motivationen, die jemanden zu einem Selbstmord(-versuch) treiben. Wir fragen an dieser Stelle nach der *Funktion des Suizids*, also wozu oder mit welcher Absicht sich jemand umbringen möchte oder es tatsächlich tut. Hierbei gibt es drei Gruppen:

Zäsur

Der Ausdruck *„lebensmüde"* trifft recht genau auf die psychische Befindlichkeit all jener Menschen zu, die durch einen Selbstmordversuch ihrem Wunsch Ausdruck verleihen, ewig zu schlafen, endlich richtig abzuschalten oder ihre *Ruhe* zu finden. Mit Kreitman (1980) können wir dabei von einer *parasuizidalen Pause* sprechen, die unter die

Selbstmordversuche subsummiert wird. Selbst wenn vom Betreffenden keine eindeutige Sterbeintention formuliert wird, handelt es sich dennoch um ein „selbst initiiertes, gewolltes Verhalten eines Patienten, der eine Substanz in einer Menge nimmt, die die therapeutische Dosis oder ein gewöhnliches Konsumniveau übersteigt und von der er glaubt, sie sei pharmakologisch wirksam" (Kreitman 1980).

So verständlich das Bedürfnis nach Ruhe, Abschalten und Pausieren auch ist, dürfen wir eine solche Handlung doch nicht auf die leichte Schulter nehmen, da sie ein *Vorläufer* für weitere Suizidversuche sein kann. Forschungsergebnisse zeigen, dass Menschen, die sich eine Auszeit in Form einer parasuizidalen Pause genommen haben, zu einem hohen Prozentsatz eindeutige Selbstmordversuche begehen (Felber 1993). Wenn er die Absicht hinter dieser Zäsur erkennt, kann der Suizidant – unter fachlicher Anleitung – lernen, diese Wünsche ernst zu nehmen und in positiver, selbsterhaltender Weise zu realisieren. Dabei darf man das in der parasuizidalen Pause enthaltene Selbstzerstörungspotenzial sowie vermutlich unzureichend verarbeitete Konflikte nicht übersehen. Der Wunsch nach so einer Verschnaufpause wird häufig durch eine massive, oft zwischenmenschliche Überforderungssituation ausgelöst, in der die

Person keine Lösungsmöglichkeiten (mehr) sieht und deshalb hofft, durch die „Auszeit" etwas innere *Distanz zu den aktuellen Problemen* zu bekommen. Der Suizidant tritt in gewisser Weise eine Flucht an oder versucht, Schmerz zu vermeiden, indem er sich in eine Art Höhle zurückzieht.

Auf konkrete Hilfsmöglichkeiten im Umgang mit Suizidanten wird weiter unten vertieft eingegangen.

Appell

Das Motiv hinter dieser Kategorie von Suizidhandlungen ist ein *Hilferuf* oder eine *Warnung*, die sich an einen oder mehrere Mitmenschen richtet. Es ist häufig der Fall, dass das Arrangement dieser appellativen Suizide im Beisein der Person durchgeführt wird, an die sich der Appell richtet.[*] Das Typische an Suizidinszenierungen mit Appellcharakter ist, dass der Suizidant sich ziemlich sicher sein kann, noch rechtzeitig von der Person gefunden zu werden, an die sich sein Appell richtet. Dieser Typ von Selbstmordversuchen wird auch als *parasuizidale Geste* bezeichnet und tritt mitunter bei drohender Trennung vom Partner auf. Beispielsweise schluckt jemand in einer solchen Situation Tabletten in der Wohnung des Partners, der ihn verlassen will, und geht davon aus, von diesem rechtzeitig gefunden zu werden. Solch ein Hilferuf ist häufig das Resultat lang anhaltender und starker Kontakt- und Selbstwertprobleme sowie schmerzhafter Einsamkeit. Genau wie für die parasuizidalen Pausen gilt für die parasuizidalen Gesten, dass sie eine *hohe Wiederholungsrate* aufweisen und somit unbedingt ernst genommen werden sollten.

Hilferuf, Warnung

Hohe Wiederholungsrate

Autoaggression

Wie wir gesehen haben, beabsichtigt eine Person bei einer parasuizidalen Pause (Zäsur) nicht unbedingt, daran zu sterben, und möchte bei der parasuizidalen Geste (Appell) übli-

---

[*] Eine Patientin berichtete mir einmal, dass sie Schlaftabletten von zwei Röhrchen Schlaftabletten am Küchentisch eingenommen habe, während ihr Mann weiterhin ganz unbekümmert in der Tageszeitung gelesen habe.

cherweise eine Botschaft senden und rechtzeitig aufgefunden werden. Selten sind dem Betroffenen diese seine Motive allerdings bewusst. Wenn dagegen als Hauptmotiv bei einem

Harte und weiche Methoden

Suizidversuch die Autoaggressionen im Vordergrund stehen, wird üblicherweise eine Selbstmordmethode mit recht sicherem tödlichen Ausgang gewählt. Hierzu zählen z. B. Erschießen, Erhängen, eine hohe Dosis einer hochwirksamen pharmakologischen Substanz. Man spricht hierbei auch von „harten" Methoden, die statistisch gesehen häufiger von Männern angewandt werden. Um sog. „weiche Methoden"

Gehemmte Aggression wird gegen die eigene Person gewendet

handelt es sich z. B. bei Tabletten- und Drogeneinnahme, Ritzen an den Handgelenken. Bei Autoaggressionen wird *gehemmte Aggressivität gegen die eigene Person* gewendet, die eigentlich anderen gilt.

In allen drei Kategorien findet sich bei näherer Betrachtung immer mehr oder weniger *Anklage und Rache*. Mensch-

Anklage und Rache

liches Verhalten ist grundsätzlich immer auch im Kontext seiner Beziehungen zu sehen. So hat Suizidalität in den meisten Fällen mit Unzufriedenheit in den sozialen Kontakten, in den zwischenmenschlichen Beziehungen zu tun. Es geht also nicht nur um die Lösung eines scheinbar auf ande-

Versuche, das persönliche Umfeld zu ändern

ren Wegen nicht zu lösenden persönlichen Problems im eigenen Leben, sondern auch um einen *Versuch, das persönliche Umfeld zu ändern*.

Suizid in der Bibel

Vielleicht mutet es seltsam an, im Zusammenhang mit der Bibel über Selbstmord nachzudenken, und es fällt einem spontan allenfalls Judas, Jesu Verräter, ein oder im Alten Testament König Saul. Die Tabelle gibt einen ersten Überblick über die sechs im Alten Testament genannten Selbstmorde (ohne Apokryphen), auf die ich kurz eingehen möchte.

6 Selbstmorde im Alten Testament

Tabelle 2: Suizide im Alten Testament (nach Haenel, s. Anhang)			
Personen	Jahreszahl (ca.)	Text in der Bibel	Suizidmethode
Abimelech	1200 v. C.	Richter 9:50-54	Schwert
Simson	1100 v. C.	Richter 16:27-30	Einsturz d. Hauses
Saul	1020 v. C.	1. Sam. 31:4-6	Schwert
Sauls Waffenträger	1020 v. C.	1. Sam. 31:5	Schwert
Ahithophel	980 v. C.	2. Sam. 17:23	Erhängen
Simri	876 v. C.	1. Kön. 16:15-18	Selbstverbrennung

Abimelech

Nach siebzigfachem Brudermord wird Abimelech Herrscher über die Stadt Sichem. Um seine Macht zu erhalten, werden weitere Kriege notwendig, bei denen er sich mit alten Verbündeten überwirft. Beim Kampf gegen eine Burg, deren Tor er zu verbrennen versucht, wirft eine Frau ihm einen Mühlstein auf den Kopf. Abimelech spürte, dass diese Verletzung tödlich ist und befahl seinem Waffenträger, ihn mit dem Schwert zu töten. Dadurch kam er einem zu damaliger Zeit *unehrehrenhaftem Tod durch eine Frau* zuvor.

Unehrenhafter Tod durch eine Frau

Simson

Erweiterter Suizid

Die Philister hatten ihrem Feind Simson die Augen ausgestochen, und seine Kraft war von ihm gewichen. Simson bittet Gott um neue Kraft und setzt diese ein, um Rache auszuüben. Indem er beide Mittelsäulen des Hauses (Tempels) eindrückt, bricht dieses zusammen und begräbt ihn und etwa 3.000 weitere Menschen. Wir sehen hier ein Beispiel für einen *erweiterten Suizid* im Alten Testament.

Saul

Niederlage und Depressionen

Im Gegensatz zu Abimelechs Waffenträger ist der Waffenträger Sauls nicht bereit, seinen Herrn zu töten. Saul nimmt den Sieg der Philister über ihn als Anlass, sich selbst ins Schwert zu stürzen, vermutlich um diesen Angriff auf sein Selbstwertgefühl und diese *Niederlage* nicht länger aushalten zu müssen, evtl. aber auch, um seinen langwierigen *Depressionen* ein Ende zu bereiten. Zuvor hatte David ihn bei seinen depressiven Unruhezuständen mit seinem Harfenspiel schon des Öfteren „musiktherapeutisch behandelt", so dass es ihm immer wieder besser ging. Der massive Angriff auf das Selbstwertgefühl Sauls durch den Sieg der Philister und die Angst vor ihren Bogenschützen lassen ihn wohl letztendlich die Entscheidung für den Selbstmord treffen.

Sauls Waffenträger

Doppelselbstmord

Sauls Waffenträger gibt uns ein Beispiel für einen *Doppelselbstmord* in der Bibel.

Ahithophel

Selbstmord aus nüchterner Einschätzung

In der kommentierten Luther-Bibel können wir zu Ahithophel lesen (S. 496): „Für Ahithophel ist nun alles verloren, weil sein für Absalom einzig richtiger Rat nicht befolgt wurde. Der Selbstmord ist in der Bibel ganz selten. Wenn er geschieht, ist er Hinweis auf die totale Finsternis eines von Gott völlig gelösten Menschen. Dazu ist das Erhängen im AT Zeichen einer Verfluchung durch Gott (5. Mose 21,23).

Ahithophel hatte sein Spiel mit ganzem Einsatz gespielt und war *an Gott gescheitert* (Matth. 27,5)." Ahithophel schien den Selbstmord aus recht *nüchterner Einschätzung* gewählt zu haben und konsequent seinem Leben ein Ende zu setzen.

Simri

Auf schändliche Weise ermordete Simri den bisherigen König Ela mit seinen Anhängern. Er machte sich zum König, verzweifelte aber daran, dass das Volk nicht hinter ihm stand, sondern Omri zum König gewählt hatte. So verbrannte er sich mit seinem Palast nach sieben Tagen Herrschaft.

Es finden sich in der Bibel also mehrere Beispiele dafür, dass auch schon bei Menschen vor über zwei Jahrtausenden Lebenssituationen eintraten, auf die sie mit Selbstmord reagierten. Sie hatten genauso wie wir Menschen der Postmoderne mit parasuizidalen Verhaltensweisen zu kämpfen, die bereits selbstzerstörerische Anzeichen aufwiesen, ohne bereits ein bewusster Selbstmordversuch zu sein. Bei genauerer Betrachtung stoßen wir bereits bei den Personen des Alten Testaments auf die typische Trias *Verzagtheit, Hoffnungslosigkeit und Verzweiflung*. Mehr oder weniger verschleiert äußern Mose, Hiob, Elia und Jona Selbstmordwünsche. Bei diesen treffen wir auf Depressivität, einen unzureichenden Selbstwert, Niedergeschlagenheit und Bedrückung sowie Mutlosigkeit und Angst: Die moderne Bezeichnung hierfür ist *Burn-out-Syndrom*, zu Deutsch: starke Erschöpfung und Kraftlosigkeit.

In der Luther-Bibel können wir zu den vier o. g. Menschen mit *Selbstmordwünschen* Folgendes lesen:

Mose

Im 4. Buch Mose, Kap. 11, in den Versen 14,15 wendet Mose sich an Gott und sagt: „Ich vermag all das Volk nicht allein zu tragen, denn es ist mir zu schwer. Willst du aber so mit mir tun, so töte mich lieber, wenn anders ich Gnade vor

Verzagtheit, Hoffnungslosigkeit und Verzweiflung

Burn-out-Syndrom

deinen Augen gefunden habe, damit ich nicht mein Unglück sehen muss."

Wir lesen hier, dass Mose bereit ist zu sterben, dass er resigniert hat, weil ihm die Last zu schwer ist.

Überforderung durch Gottes Auftrag

Wenn wir die vorangehenden Verse auch lesen, wird deutlich, wie ärgerlich Mose auf das Volk, aber auch auf Gott ist, wie sehr er sich überfordert fühlt und keinen Weg aus dieser Lage sieht. Er kann die Aufgabe nicht abschütteln, weil sie ihm von Gott übertragen wurde. Zum Glück redet Mose mit Gott, und dieser hat eine Lösung zu seiner Entlastung, wie wir in den folgenden Versen feststellen können.

Hiob

Im 6. Kap. des Buchs Hiob lesen wir in den Versen 9, 11 und 13: „Dass mich doch Gott erschlagen wollte und seine Hand ausstreckte und mir den Lebensfaden abschnitte! Was ist meine Kraft, dass ich ausharren könnte; und welches Ende wartet auf mich, dass ich geduldig sein sollte? Hab ich denn keine Hilfe mehr, und gibt es keinen Rat mehr für mich?"

Mose und Hiob halten an Gott fest

Gott greift ein

Auch hier zeigt sich Todessehnsucht und Überdruss des Lebensmüden, der sich einsam und ohne Helfer erlebt. Im 10. Kapitel im 1. Vers fährt Hiob fort: „Mich ekelt mein Leben an. Ich will meiner Klage ihren Lauf lassen und reden in der Betrübnis meiner Seele." Es gelingt also sowohl Mose als auch Hiob in ihrer großen Not, Gott ihre Befindlichkeit mitzuteilen und so mit ihm in Kontakt zu bleiben. In beiden Fällen wendet Gott sich nicht ab, sondern greift – früher oder später – ein. Weder Mose noch Hiob können das voraussehen. Trotz seiner verzweifelten Situation mit ihren quälenden „Warum-Fragen" hält Hiob an Gott fest. Dies bringt ihm die Rettung. Ähnliche menschliche Erfahrungen machen auch die Psalmisten.

Elia

Nachdem Elia im Eifer für Gott zahlreiche Propheten Baals getötet hatte, finden wir ihn aus Angst vor Königin Isebels Rache auf der Flucht und in tiefer Depression: „Er aber ging hin in die Wüste eine Tagereise weit und kam und setzte sich unter einen Wacholder und wünschte sich zu sterben und sprach: Es ist genug, so nimm nun, Herr, meine Seele; ich bin nicht besser als meine Väter." (1. Kön., Kap. 19, Vers 4). Zum einen scheint es zum typischen Schicksal von Propheten (und auch prophetisch begabten Menschen) zu gehören, hin und wieder in Zeiten der Anfechtung zu geraten, die sie bis zu Depressionen und Selbstmordabsichten treiben können. Elia hat Sehnsucht danach, bei Gott zu sein. Er möchte also nicht nur den großen *Schwierigkeiten* seines irdischen Lebens *entkommen*, sondern sehnt sich nach der ewigen Gemeinschaft mit Gott. Diesen Wunsch können wir bei Menschen, die an Gott glauben und in eine suizidale Krise geraten, häufig finden: Sie möchten der Überforderung durch ihre aktuelle Lebenssituation entgehen und *für immer bei Gott sein*.

Sehnsucht nach der Gemeinschaft mit Gott

Jona

Jona äußerte offen seinen *Unmut und Zorn gegenüber Gott*, mit dessen Handeln er nicht einverstanden war. Im 4. Kapitel, Verse 3,4 lesen wir: „So nimm nun, Herr, meine Seele von mir; denn ich möchte lieber tot sein als leben." Offensichtlich stellt sich Gott dem ehrlichen Menschen und stellt diesen zur Rede: „Aber der Herr sprach: Meinst du, dass du mit Recht zürnst?" In all diesen alttestamentlichen Beispielen sehen wir, dass Gott sich durch Fragen, Vorwürfe oder Todeswünsche nicht von seinen Geschöpfen abwendet, sie nicht mit Verachtung straft oder ihnen Moralpredigten hält. Diese Haltung können wir uns als Helfer vor Augen führen, wenn uns Äußerungen eines Suizidgefährdeten absurd und überzogen erscheinen.

Gott redet mit seinem Geschöpf

Hilfsmöglichkeiten (auch) für Laien

Vielfach habe ich von suizidgefährdeten Patienten gehört, dass sie mit ihren engsten Angehörigen oder Freunden nicht über ihre Selbstmordgedanken sprechen konnten, weil diese abweisend oder ausweichend, bagatellisierend oder auch hell entsetzt reagiert hätten. Solche Reaktionen helfen einem Menschen, der nach seiner Bilanz zu dem Entschluss gekommen ist, dass sich sein Leben nicht mehr lohne oder gar nur noch quäle, natürlich nicht weiter.

Doch brechen wir nicht vorschnell den Stab über diejenigen Menschen, die weghören oder verharmlosen, sondern versuchen wir, ihr *Meideverhalten* zumindest nachzuvollziehen. Indem wir dies tun, kommen wir zu einer inneren Akzeptanz, die nicht mit Gutheißen gleichzusetzen ist. Indem man die Meinung des anderen respektiert, baut man eine Brücke zu ihm, ohne dass man sich auf sein Ufer stellt. Letzteres würde bedeuten, seine Sichtweise zu teilen. Der Versuch, Menschen zu verstehen, die sich bei Suizidäußerungen abwenden oder zur Tagesordnung überzugehen scheinen, kann damit beginnen, hinter ihr vordergründiges Verhalten zu schauen, also einen Blick hinter ihre Kulissen zu werfen. Üblicherweise wenden Menschen sich ab oder bagatellisieren Selbstmordbotschaften, weil sie *Angst* und *Unsicherheit* im Umgang mit dem Thema Suizid empfinden. Möglicherweise steigen in ihnen auch Schuldgefühle auf. Vielleicht stellen sie sich Fragen wie: „Oh, war unser letzter Krach so heftig, dass er nicht mehr leben will? Habe ich etwas falsch gemacht, bin ich schuldig?"

Wenn es im Folgenden darum geht, *Kommunikationshilfen* für den Umgang mit selbstmordgefährdeten Menschen zu beleuchten, sind diese keinesfalls nur für Laien gedacht – im Gegenteil: Es handelt sich größtenteils um Gesprächstechniken, die sich in der Psychotherapie bewährt haben.

Meideverhalten durch Angst und Unsicherheit

Dabei ist es nicht meine Absicht, die mehrjährige Zusatz-
ausbildung in Psychotherapie in einem oberflächlichen
Schnelldurchlauf anzubieten, sondern einfach bewährte In-
terventionsmöglichkeiten, die sich auch im Alltagsgespräch
anwenden lassen, so weit zu vermitteln, dass eine Brücke
zwischen selbstmordgefährdeten Personen und *ersten An-
sprechpartnern* im täglichen Umgang entstehen kann. Es ist
typisch für uns Menschen, dass wir uns von Neuem und Un-
bekanntem erst einmal abwenden, weil es uns Angst macht.
Wenn wir jedoch *Werkzeuge* haben, mit denen wir die neue
Situation handhaben können, nehmen wir die Herausforderung viel bereitwilliger an. Diese besteht in diesem Fall darin, mit jemandem über seine Lebensmüdigkeit zu sprechen.

Am Ende des Kapitels über mögliche Interventionen
werde ich noch auf Fehler oder Fallen im Umgang mit Suizidanten eingehen. Es ist nicht immer einfach, wirklich zu
verstehen, was ein selbstmordgefährdeter Mensch braucht,
da er vielfach innerhalb kürzester Zeit widersprüchliche
Aussagen macht oder aber sein Gegenüber dahingehend tes-
ten möchte, wann diesem der Geduldsfaden reißt oder er
auch keine Antwort mehr weiß, ihm keine Antwort mehr
einfällt. Machen wir uns immer wieder klar, dass der Satz
„Ich will nicht mehr leben" treffender heißen müsste: „Ich
will *so* nicht mehr leben."

Wahrnehmung und Einschätzung der Suizidalität

„Mythen und Märchen" über Suizid

Menschliche Wahrnehmung ist subjektiv und hängt von verschiedenen Faktoren ab. Zwei von ihnen sind die bisherigen
Erfahrungen sowie die Annahmen im Zusammenhang mit
Situationen, die der aktuellen ähneln. Folglich beeinflussen
unsere bisherigen Informationen zum Thema Selbstmord,
wie wir einen Menschen in einer suizidalen Krise erleben.
Unsere bisherigen Kenntnisse über Suizidalität sind wahr-

scheinlich nicht ganz frei von einigen Fehlannahmen, im folgenden „Märchen" genannt. Einige von ihnen wollen wir entzaubern, um unsere Wahrnehmung realistischer werden zu lassen und dadurch selbstmordgefährdeten Menschen kompetenter begegnen zu können.

Märchen Nr. 1:
„Die Leute, die von Selbstmord sprechen, tun sich nichts an . . . , und die ganz stillen und introvertierten Menschen auch nicht."

Es scheint zu den Mythen um den Selbstmord zu gehören, dass man mitunter hören kann, wer Selbstmordabsichten laut herausposaune, tue sich sowieso nichts an. Auf der anderen Seite kursiert auch hartnäckig die Legende, dass die stillen Menschen, die unauffällig ihren Weg gehen, sich nichts antun würden. Beide „Märchen" verführen allzu leicht dazu, sich von Selbstmordäußerungen einerseits und scheinbar unauffälligen – und möglicherweise dabei sehr einsamen! – Menschen nicht weiter beeindrucken zu lassen, sie nicht ernst zu nehmen. Es ist natürlich nachvollziehbar, dass man irgendwann wie taub wird gegenüber Suiziddrohungen, die jemand bei jedem kleineren oder auch größeren Streit von sich gibt. Hierin steckt üblicherweise – zunächst! – ein Versuch, den Gesprächspartner zu beeindrucken oder sogar zu erpressen.[*] Wir sollten an dieser Stelle festhalten, dass etwa drei Viertel aller Selbstmordkandidaten ihre Pläne zuvor angekündigt haben. Dies erfolgt üblicherweise in Form verbaler Äußerungen, die den Charakter eines Hilferufs oder auch eines Vorwurfs haben. Wie wir bei den Sig-

3/4 der Suizide werden vorher angekündigt

---

[*] Es ist hier nicht der Rahmen, um zu erörtern, welche Gefühle, Bedürfnisse und Ziele hinter diesem Drohgebaren stecken können. Auch wenn die tatsächliche Selbstmordgefährdung bei dieser manipulativen Art der Drohung gering ist, sollten auf die Dauer solche Kommunikationswaffen in zwischenmenschlichen Beziehungen nicht eingesetzt werden und bedürfen je nach Fall der psychologischen Bearbeitung mit Unterstützung durch einen Fachmann.

nalen im Vorfeld von Suiziden noch sehen werden, kommt auch die non-verbale Sprache zum Einsatz, wenn es um die indirekte Ankündigung des geplanten Selbstmords geht, z. B. Überraschungsbesuche und Abschiedsgeschenke.

Wenn Menschen eher still sind und ihre Probleme lieber für sich behalten, heißt dies nicht, dass sie mit sich und ihrem Leben in Einklang stehen. Im Gegenteil ist es so, dass etwa ein Drittel der Selbstmorde von älteren Menschen über 65 Jahren begangen werden. Es wäre falsch anzunehmen, dass diese Menschen doch nun alles erreicht hätten und sich über ihre viele Freizeit freuen könnten. Eine solche Ansicht äußern vielleicht Menschen, die selbst mitten im harten Berufsleben stecken, dem täglichen Leistungskampf standzuhalten haben und sich nach Urlaub und der Ruhe vor zu vielen Menschen sehnen. Alte Menschen sind nicht selten einsam, sehen für sich keine sinngebende Aufgabe mehr und leiden mitunter an zunehmenden Krankheiten und Gebrechen.

An dieser Stelle möchte ich noch auf eine Art „halbherziger" Selbstmordtendenzen eingehen, die aufgrund ihrer Uneindeutigkeit weder zuvor angekündigt noch mit sich selbst ausgemacht werden können. Manche Menschen zeigen in ihren bewussten oder auch (noch) nicht bewussten innerseelischen oder zwischenmenschlichen Konflikten Verhaltensweisen, die zwar nicht in der Absicht erfolgen, sich zu suizidieren, aber dennoch ein selbstzerstörerisches Potenzial in sich bergen. Dazu gehört, wenn jemand „nach dem Riesenkrach erst mal einen trinken muss" – aus dem dann ein Zuviel wird. Insbesondere haben Männer die Tendenz, sich über schnelles Autofahren abzureagieren, um die Frustrationen oder den Ärger loszuwerden. Hieraus resultiert nicht selten ein riskantes und gefährliches Fahrverhalten, das oft genug auch Unschuldige mit betrifft. Da Aggressionen, Wut, Ärger, Hass stets ein Ventil suchen, können wir die beschriebenen Verhaltensweisen als Möglichkeiten sehen, einen inneren Gefühlsstau abfließen zu lassen, wobei mögli-

Selbstzerstörerisches Verhalten nach Streit

cherweise ein unbewusster Todeswunsch zugrunde liegt. Einige Fachleute sprechen bei einer bestimmten Gruppe selbstschädigender Verhaltensweisen von *verzögerter Selbsttötung*. Hierzu zählen Alkohol-, Medikamenten- und Drogenabhängigkeit, Magersucht oder u. U. auch Risikosportarten, die Lebensgefahr für den Betroffenen bedeuten können. Es seien hier exemplarisch Drachenfliegen, Skilaufen in Lawinengebieten oder riskante Formen des Bergsteigens aufgeführt. Karl Menninger (1938) nimmt bei diesen Verhaltensweisen einen Todeswunsch an, der dem Betroffenen nicht bewusst sei. Hierbei fehle die aktive bzw. die bewusste Absicht zu sterben sowie die – auf einen kurzen Zeitraum begrenzte – vorsätzliche Selbstschädigung (zur Vertiefung s. Menninger im Anhang).

Verzögerte Selbsttötung

Märchen Nr. 2:
„Selbstmord begehen nur einsame Menschen"

An diesem Satz ist ein Stück Wahrheit insofern zu finden, als Menschen sich meistens aufgrund von Verletzungen, Enttäuschungen und Frustrationen in zwischenmenschlichen Beziehungen umbringen. Ein tragfähiges soziales Netz aus Ehepartner und Kindern oder Eltern und Freunden kann zum Leben gehörende Versagenssituationen wie das Scheitern bei einer Prüfung oder einen schlechten Jahresabschluss im Geschäft auffangen. Auch wenn Menschen von sich sagen würden, dass sie sozialen Rückhalt durch Halt gebende zwischenmenschliche Beziehungen haben, gibt es leider trotzdem keine Garantie dafür, auf Lebenskrisen nicht mit schwärzesten Gedanken zu reagieren. Jedoch ist die Wahrscheinlichkeit, Pannen, Pech und Pleiten im Leben konstruktiv zu bewältigen, deutlich höher, wenn der betroffene Mensch sich von seinen Bezugspersonen (Partner, Eltern u. a.) geliebt weiß und in einen befriedigenden Freundeskreis eingebunden ist. Umgekehrt genügt das dicke Sparbuch in persönlichen Lebenskrisen allein nicht, wenn es keinen emotionalen Schutz und keine Geborgenheit gibt.

Einsamkeit erhöht das Suizidrisiko

46

Die Ausschließlichkeit, dass nur einsame Menschen Selbstmord begehen, stimmt so nicht, aber *Einsamkeit erhöht das Suizidrisiko*. Die letztendliche Entscheidung zum Suizid macht tatsächlich jeder Mensch mit sich allein aus, wie er ja auch bei der Tat allein ist.*

Märchen Nr. 3:
„Wer Suizid begeht, ist depressiv oder wahnsinnig"

Während es zwar leichter ist, die Diagnose einer Depression zu stellen, als den im Alltag weit verbreiteten Begriff „wahnsinnig" zu definieren, trifft unter dem Strich weder die eine noch die andere Aussage für diesen Mythos zu. Es stimmt allerdings, dass depressive Personen eher selbstmordgefährdet sind als nicht-depressive, aber von ihnen bringt sich die Mehrzahl nicht um oder versucht es. Wenn wir den alltagssprachlichen Ausdruck „wahnsinnig" unter den Fachbegriff der „Schizophrenien" einordnen wollen, müssen wir festhalten, dass sich nur eine Minderheit aller Schizophrenen umbringt. Aber auch bei dieser Gruppe psychisch kranker Menschen gilt – wie bei allen psychischen Erkrankungen –, dass sie ein *höheres Suizidrisiko* haben als ihre seelisch gesunden Mitmenschen. Auf jeden Fall gilt: „Wer sich umbringt, ist sehr unglücklich und hat keine Hoffnung mehr."

Erhöhtes Suizidrisiko bei Depressionen und Schizophrenien

Märchen Nr. 4
„Todkranke bringen sich nicht um"

Wenn wir unter todkrank verstehen, dass jemand nach ärztlichem Ermessen nur noch kurz zu leben hat, weil die

---

* Eine Ausnahme bildet der sog. erweiterte Selbstmord, bei dem zunächst noch z. B. die Kinder dabei sind, bis diese ermordet werden, ehe der (Selbst-)Mörder zuletzt sich das Leben nimmt. Außerdem gibt es seit einer gewissen Zeit auch in Deutschland sog. „bestellte Sterbehelfer", die z. B. mit bettlägerigen Kranken besprechen, wie diese ihr Leben durch eigenes Zutun beenden können, und ihnen die entsprechenden Mittel dafür besorgen.

Krankheit in absehbarer Zeit zum natürlichen Tod führen wird, können wir annehmen, dass dieser todkranke Mensch – wenn er nicht im Koma liegt – sehr unter Schmerzen leidet. Der schwerstkranke Mensch leidet ungeheuerlich und mit ihm seine Angehörigen und Freunde. Vielleicht empfindet er sich für seine Mitmenschen als nutzlose Last, die er ihnen abnehmen möchte. Seine Schmerzen, möglicherweise zahlreiche medizinische Apparate und Medikamente mit ihren Nebenwirkungen können ihm sein Leben als wertlos, entwürdigend und nicht beeinflussbar erscheinen lassen. Neben aller körperlichen Pein treten Gefühle von Ohnmacht und Hilflosigkeit auf, und er sieht dann u. U. einen Selbstmord als die einzige Möglichkeit, doch noch etwas Einfluss auf sein Leben zu nehmen und damit auch die Belastung für seine Angehörigen und Freunde zu beenden.

Märchen Nr. 5
„Die Selbstmordtendenz ist abhängig von äußeren Faktoren wie sozialer Schicht, Jahreszeit, Land, Mondstand u. a."

Es gibt tatsächlich in Kriegszeiten weniger Selbstmorde als in Zeiten ohne Krieg, und man hat auch eine Reihenfolge innerhalb der Länder mit ihren etwas unterschiedlichen Selbstmordquoten gefunden. Im Großen und Ganzen bringen sich jedoch *Menschen aller Klassen und Länder* um, und für o. g. weitere Faktoren gibt es keine hinreichend aussagekräftigen Forschungsbefunde.

Märchen Nr. 6:
„Selbstmord wird vererbt"

Zunächst müssen wir feststellen, dass der Selbstmord die Folge eines gedanklichen Prozesses aufgrund einer individuellen Lebensgeschichte und aktueller Stressfaktoren ist. Der Entschluss zu einer suizidalen Handlung kann nicht wie die Augenfarbe oder die Anlage für eine Erbkrankheit genetisch weitergegeben werden. Wenn wir wissen, dass es familiäre

Häufungen von Suiziden gibt (z. B. in der Schriftstellerfamilie Mann), so können wir zum einen schauen, ob es in diesen Familien auch eine *Häufung von Depressionen*, also einen Risikofaktor für Selbstmord, gibt. Zum anderen werden Problemlösefertigkeiten am Modell gelernt, d. h., in sog. Selbstmordfamilien gibt es das Vorbild, das Botschaften vermittelt wie: „Wenn nix mehr geht, geht immer noch Suizid." Erwiesenermaßen wirkt ein „erfolgreicher" Selbstmord ansteckend. Halten wir fest, dass es kein Gen gibt, das für die Selbstvernichtung zuständig ist; entscheidend in Suizidfamilien sind vielmehr übernommene Verhaltensweisen im *Umgang mit Problemen*, Aggressionen und Depressionen.

Entscheidend ist, wie eine Familie mit Problemen umgeht

Wenn wir die biblischen Aussagen zu Tod und Mord mit einbeziehen wollen, könnten wir den *Teufel* als Vater der Lüge und Mörder von Anfang an heranziehen. Wir könnten dann schlussfolgern, dass er bei verzweifelten Menschen dazu beiträgt, dass sie in maximale Hoffnungslosigkeit, Verzweiflung und Verzagtheit stürzen. Diese Aussage darf jedoch nicht unreflektiert hingenommen werden. (Ich werde im Kapitel „Hilfe mit biblischem Hintergrund" noch näher darauf eingehen.)

Märchen Nr. 7:
„Wenn es dem Suizidanten besser geht, ist er nicht mehr in Gefahr, sich umzubringen"

Um sich umzubringen, braucht es neben dem Entschluss dazu auch eine gewisse Menge an seelischer und körperlicher Energie, um den Plan umzusetzen. Wenn ein Mensch sehr depressiv ist, fehlt ihm dieses *Minimum an Energie*, und man könnte vereinfachend sagen, er ist am Tiefstpunkt der Depression weniger gefährdet, als wenn seine Stimmung und sein Antrieb wieder leicht gebessert sind. Nach einem überlebten Selbstmordversuch sind die Betreffenden zunächst kontakt- und gesprächsbereit, was dann üblicherweise einer Scham über das Geschehene sowie einer sog. Entaktualisierung weicht. Mit Letzterem ist gemeint, dass die Brisanz des

Minimum an Energie

Suizidversuchs in den Hintergrund tritt. Wenn nun andere Themen zu sehr in den Vordergrund treten, besteht die Gefahr, den im Suizidversuch versteckten Appell nach Hilfe zu übersehen und den Suizidanten in einer falschen Sicherheit zu wähnen. Es ist bekannt, dass Menschen, die schon einmal versucht haben, sich zu suizidieren, in der Gefahr eines neuen Versuchs stehen. Menschen nach einem Selbsttötungsversuch, die Hilfsangebote ablehnen oder ihre auch weiterhin bestehende Absicht leugnen, stecken nicht selten noch in tiefer Resignation und sind weiterhin selbstmordgefährdet – auch wenn ihre Fassade das Gegenteil glauben machen möchte.

Wahrnehmung der eigenen Gedanken und Gefühle zu „Suizid"

Wenn wir mit selbstmordgefährdeten Menschen zu tun haben, müssen wir uns zum einen immer wieder vor Augen führen, dass wir niemandem die Entscheidung abnehmen können, sich für oder gegen das Leben einzustellen. Wir sollten uns spätestens bei der Begleitung von Suizidanten darüber Gedanken machen, wie wir mit Lebenskrisen umgegangen sind und ob Selbstmord für uns in Frage käme.

Im Umgang mit der Suizidalität eines Mitmenschen können ganz *unterschiedliche Gefühle* in uns als Helfern, Bekannten oder nahen Angehörigen aufkommen. Schauen wir uns zunächst an, was es in uns auslösen kann, wenn uns z. B. eine Bekannte erzählt, dass sie sich so überfordert fühle und ihr Leben irgendwie sinnlos finde. Möglicherweise haben wir gerade keine Zeit oder auch selbst keine Kraft, uns auf ihre Probleme einzustellen. So etwas ist menschlich und normal. Es ist tatsächlich anstrengend, sich auf einen lebensmüden Menschen einzulassen, ihm zuzuhören, die eigenen Ängste beim Thema Selbstmord und Tod wahrzunehmen und für sich zu reflektieren. Zudem benötigt man manchmal

Eigene Gefühle beim Umgang mit Suizidgefährdeten

Geduld und hätte dabei vielleicht gern selbst jemanden, der einem bei den eigenen Problemen zuhört. Es könnte außerdem sein, dass wir wütend werden, weil wir z. B. denken: „Na, die macht es sich ja ganz schön einfach. Unsereiner kämpft sich jeden Tag aufs Neue durch, und die will einfach von der Lebensbühne abtreten." Möglicherweise steigt auch ein Gefühl von Neid und Bewunderung für den Mut auf, sich freiwillig das Leben zu nehmen.

Je nach individueller Einstellung zu Lebenskrisen und zum Selbstmord könnte es ein Anliegen sein, der Bekannten zu vermitteln, dass in allen krisenträchtigen Lebenssituationen auch immer eine *Chance* zur persönlichen Reife und zum Wachstum steckt. Diese kann sie jedoch derzeit aufgrund der vorherrschenden Umstände und aktuellen Herausforderungen *nicht* sehen. Zudem fehlen ihr derzeit wahrscheinlich die psychische Energie, der Wille und der Mut, entweder selbst weiterzukämpfen oder aber sich helfen zu lassen. Wenn wir dies wahrnehmen, sollten wir nicht wegsehen, sondern unsere persönliche Bereitschaft einschätzen, wieweit wir uns auf Unterstützung und das Finden einer neuen Perspektive einlassen können und wollen bzw. welche Hilfsangebote wir ihr sonst vorschlagen könnten. Vermutlich gibt es kaum jemanden, der sich nicht schon mindestens einmal in seinem Leben an den Grenzen seiner Möglichkeiten befunden hat. Gerade diese eigenen Grenzerfahrungen jedoch bergen die Chance in sich, ein Gespür für den Nächsten in der Not zu entwickeln, der in einer ähnlichen Lebenslage mit vergleichbaren kräftezehrenden Umständen lebt. Es kann eine Anfrage des Lebens an uns sein, ihm aus seiner Scheuklappenperspektive, seinem *Tunnelblick*, herauszuhelfen.

Jede Krise birgt auch eine Chance, es ist aber oft nicht leicht, diese zu sehen

Wenn man von einem vollendeten Selbstmord hört, entstehen zunächst meist Entsetzen und Fassungslosigkeit, zumindest wenn man die Person kannte. Üblicherweise folgt dann eine Mischung aus *Angst, Aufregung* und *Unsicherheit*. Wenn der suizidierte Mensch für uns kein Fremder war, fra-

Angst, Aufregung, Unsicherheit, der Wunsch zu helfen

gen wir uns möglicherweise, ob wir hätten helfen, ihn gar retten können. Man spricht hier von *Rettungs-* bis hin zu *Allmachtsfantasien*. Im Fachjargon spricht man von Omnipotenzfantasien, die es dann zu hinterfragen gilt: Sind wir denn tatsächlich für alle und alles verantwortlich, müssen wir alles wahrnehmen und regeln können? Natürlich kann es sein, dass wir tatsächlich etwas überhört oder übersehen haben oder gar überhören wollten, weil es uns unbequem, Angst auslösend oder überfordernd vorkam. Dann meldet sich an dieser Stelle das schlechte Gewissen, und es sollte nach einer Hilfsmöglichkeit gesucht werden, um über diese *Schuldgefühle* zu sprechen. Nach einem Selbstmord oder Suizidversuch machen Angehörige, Freunde oder auch Fachpersonen manchmal auch recht resignative Feststellungen wie z. B., dass man sowieso nichts hätte ändern können. Hierbei spricht man auch von *Ohnmachtsfantasien*. Möglicherweise kommen jemandem durch den Suizid eines Mitmenschen *Erinnerungen* an eigene schwierige Lebensphasen ins Bewusstsein, oder sogar jener Tag, an dem er selbst versuchte, sich umzubringen.

Im Zusammenhang mit dem Selbstmord eines Familienvaters berichtete eine Patientin mir einmal von ihrer enormen *Wut*, die sich in ihr entwickelte, nachdem sie davon erfahren hatte. Sie bewertete seinen Selbstmord als eine feige Handlung ohne jedes Verantwortungsgefühl gegenüber der Gesellschaft und insbesondere seiner Familie. Zu den normal menschlichen Reaktionen auf einen Selbstmord gehört auch das bewusste oder unbewusste *Neid*gefühl. Dies könnte sich z. B. bei jemandem einstellen, der selbst schon an Selbstmord gedacht, aber bislang nicht den Mut dazu aufgebracht hat. So jemand beneidet dann den Selbstmörder darum, seine Lebensprobleme hinter sich gebracht zu haben. Je nach Motivation, die einen Menschen in den Selbstmord treibt (z. B. chronische Krankheit, Sucht, Schulden u. a.), kann bei den Mitmenschen auch *Mitgefühl*, Verständnis bis hin zu Mitleid ausgelöst werden. Die Auseinandersetzung

Schuldgefühle

Eigene Erinnerungen melden sich

Neidgefühl

Mitgefühl

mit den Suizidabsichten eines Mitmenschen bringt grundsätzlich die Konfrontation mit dem Tod und der Endlichkeit des Lebens und damit auch des eigenen Lebens mit sich. Meiner Erfahrung nach ruft die Erkenntnis dieses Faktums zunächst einmal *Angst* her*vor* und die Frage danach, ob und wie es nach dem *Tod* weitergeht. Manchmal lassen sich die aufkommenden Gefühle auch nicht so einfach differenzieren, wie ich es hier zur Veranschaulichung versucht habe, oder aber sie wechseln sich ab.

Angst

> Ich möchte Sie als Leser vor der weiteren Lektüre dazu ermuntern, einmal wahrzunehmen, welche Gefühle sich in Ihnen regen, wenn Sie daran denken, dass Menschen sich umbringen. Für diese *Wahrnehmungsübung* ist es „am besten", wenn es sich um jemanden handelt, den Sie kannten bzw. noch kennen, falls es jemand ist, der überlebt hat.

Diese wahrgenommenen Gefühle verändern sich im Laufe des Lebens üblicherweise und hängen u. a. von der eigenen aktuellen Belastung, der (Un-)Zufriedenheit in bedeutsamen zwischenmenschlichen Beziehungen und von anderen Faktoren ab. In der Begegnung mit selbstmordgefährdeten Menschen ist es wichtig, sich diesen eigenen Gefühlen gegenüber zu öffnen, sie wahrzunehmen und auszuhalten. Wenn man dabei merkt, dass diese Erinnerungen und Erfahrungen einen belasten, sollte man mit einer Vertrauensperson darüber sprechen, um sich zu entlasten. Anderenfalls kann es aus Selbstschutzgründen dazu kommen, dass man die Suizidalität des anderen übersieht, überhört, nicht wahrnimmt.

Eigene Gefühle bezüglich Suizid

Wenn wir als Helfer die eigene Angst vor dem Tod abwehren, sind wir in Gefahr, Suizidsignale beim anderen zu überhören oder zu bagatellisieren, wir hören dann quasi über Vorankündigungen hinweg. Unsere eigene Angst kann uns auch dazu verführen, dass wir den anderen billig vertrösten oder beruhigen wollen. Wir reden dann vielleicht so lange auf ihn ein, bis er uns zuliebe auf das Positive seines Lebens sieht oder uns Versprechen abgibt, sich nicht umzubringen. Vordergründig haben wir damit das Thema zwar vom Tisch, aber wir brechen damit die Brücke zum anderen ab und treiben ihn in Verzweiflung und Einsamkeit. Dadurch würden wir schlimmstenfalls genau das Gegenteil dessen erreichen, was wir beabsichtigt haben, und zwar, dass er sich weiteren Gesprächen gegenüber verschließt und sich umbringt. Wenn wir uns distanziert zeigen, nur fachlich klingende Fragen stellen und unsere Gefühle in Bezug auf die geäußerten Selbsttötungsfantasien oder -pläne für uns behalten, tragen wir ebenfalls dazu bei, dass der Suizidant sich noch einsamer fühlt. Es geht nicht darum, aus Solidarität mitzuweinen oder in die Empörung mit einzustimmen, sondern auch die eigenen Gefühle ins Gespräch zu bringen, ohne sie zum Hauptthema zu machen. Wenn wir bereit sind, die Verzweiflung des Selbstmörders auszuhalten, uns darauf einzulassen und mit hineinzugehen, können wir gemeinsam mit ihm auf ihren Grund gelangen und darüber sprechen. Dies hat vielen suizidalen Menschen schon dahingehend geholfen, dass sie sich gegen den Selbstmord entscheiden konnten. Ehe wir uns näher auf Gespräche mit selbstmordgefährdeten Menschen einlassen, sollten wir allerdings unsere eigene Einstellung gegenüber Selbsttötung hinterfragen.*

Vorboten des Suizids

Wachsamkeit schärfen, eigene Ängste verstehen

Es geht im Folgenden darum, die *eigene Wachsamkeit* im Umgang mit Mitmenschen zu schärfen. Außerdem sollen

* In den verschiedenen Lebensphasen, die Menschen durchlaufen, verändern sich die Ansichten über Selbstmord. Faktoren wie elterliche Werte und später die der Freunde oder des Partners, kulturelle und religiöse Strömungen sowie eigene Problemlösungserfolge oder eben -misserfolge beeinflussen den eigenen Umgang mit dem Thema Selbstmord.

eigene aufkommende *Ängste* besser verstanden werden. Diese entstehen mitunter dadurch, dass Veränderungen bei einem Mitmenschen wahrgenommen, aber nicht zugeordnet werden können. Sie als mögliche Vorboten eines Suizids zu erkennen und konstruktiv damit umzugehen, könnte ein gesellschaftlicher Beitrag dazu sein, suizidalen Menschen ein menschliches und hilfreiches Gegenüber zu werden.

Bei Fachleuten und Laienhelfern besteht Einigkeit darüber, dass die Aufklärung der Allgemeinbevölkerung über Signale, die einem Suizid vorausgehen, dringend nötig ist (= Suizidprävention). Manchmal sind diese Vorboten nicht so klar und eindeutig zu erkennen wie eine Ampel, die rotes oder grünes Licht anzeigt. Aber genauso, wie wir uns bei ungünstig einfallendem Sonnenlicht bemühen müssen, die Farbe oder ihr Umspringen korrekt zu sehen, um einem Unfall vorzubeugen, braucht es auch im Umgang mit Suizidgefährdung die eigene *Bereitschaft* und den *Willen*, sich darauf einzulassen und zu üben. Die Notwendigkeit der vermehrten Aufklärung über Selbstmord und seine vorausgehenden Signale ist schon deshalb notwendig, weil es jeweils um ein Menschenleben geht und ein „gelungener" Suizid nicht rückgängig gemacht werden kann. Darüber hinaus fügt die Selbsttötung nicht nur den Hinterbliebenen Leid zu, sondern sie birgt, wie gesagt, zudem die Gefahr der *Nachahmung* in sich! Die Auseinandersetzung mit der Selbstmordprävention ist also ein in mehrfacher Hinsicht lohnendes Ziel.

Menschen, die über Selbstmord ernsthaft nachdenken oder tief in einer suizidalen Krise stecken, verändern sich nicht nur in ihren Gedanken und in ihrem Verhalten, sondern auch vom Äußeren her. Wenn wir uns die folgenden Anhaltspunkte näher ansehen, sollten wir einerseits die *Kombination einzelner Auffälligkeiten* aus den verschiedenen Kategorien berücksichtigen, aber andererseits nicht jedes einzeln auftretende Merkmal vorschnell, d. h. ohne genauer hinzuschauen, überbewerten. Es ist mir aus meiner Ausbildungszeit noch sehr präsent, wie sehr ich beispielsweise

55

nach der intensiven Beschäftigung mit bestimmten Störungsbildern geneigt war, bei auffällig vielen der Menschen, die mir in den nächsten Tagen begegneten, diese oder jene Störung zu vermuten, was natürlich völlig übertrieben war. Schauen wir uns die verschiedenen Gruppen von Vorboten näher an.

Ungewöhnliche Veränderungen im Verhalten

■ Sozialer Rückzug:
Jemand verabredet sich seltener mit Freunden oder geht nicht mehr zu seinen bisherigen Abenden im Sportverein, nimmt ehrenamtliche Aufgaben weniger wahr oder hat kein Interesse mehr an den familiären Unternehmungen. Insgesamt lassen die Interessen nach und die Person hat u. U. auch keine Urlaubspläne mehr.

■ Flucht und Flüchten:
Bei Jugendlichen könnte es bedeuten, dass sie nicht mehr in die Schule oder an ihren Ausbildungsplatz gehen, bei Berufstätigen fallen typischerweise häufigere Fehlzeiten am Arbeitsplatz mit vagen Entschuldigungen auf. Es gibt auch eine Flucht in eine Scheinwelt, die z. B. durch Drogen, Alkohol und Medikamente aufgebaut werden kann. In den vergangenen Jahren können wir außerdem eine Zunahme der Flucht in die virtuelle Welt (z. B. am Computer) beobachten.

■ Verändertes Leistungsverhalten:
Im Vergleich zur bisherigen individuellen Durchschnittsleistung ist eine Abweichung in beide Richtungen möglich. So könnte ein Schüler auf einmal bessere Schulnoten erbringen oder ein Mitarbeiter mehr Fehler produzieren.

■ Neuordnung der persönlichen Dinge:
Menschen, die Selbstmord beabsichtigen, fangen nach diesem Entschluss häufig an, ihre persönlichen Dinge neu zu

ordnen oder erstmals aufzuräumen – eine Art des Sortierens ihres Nachlasses. Hierzu kann auch gehören, dass sie persönliche Dinge verschenken – überspitzt formuliert, geben sie ihr Erbe im Voraus und noch aus warmer Hand weg. Mit oder ohne solche Geschenke kann es vorkommen, dass jemand, der seine Selbsttötung geplant hat, bei Freunden oder Verwandten für diese ganz unerwartet Besuche macht. Nur er selbst weiß, dass es sich dabei um einen Abschiedsbesuch handelt.

■ Besuch von Veranstaltungen mit „spirituellen" Themen: Es lässt sich in diesem Zusammenhang nicht eindeutig sagen, ob die Henne oder das Ei zuerst da war, wenn wir bemerken, dass jemand sich für den übernatürlichen Bereich öffnet und mit Selbstmordabsichten zu tun hat. Beides kommt vor, d. h., jemand könnte am Ende seiner eigenen missglückten Selbstheilungsversuche und seiner vergeblich eingesetzten Problemlösungsstrategien versuchen, in einer christlichen Gemeinde oder in esoterischen Veranstaltungen Hilfe zu finden.[*]

---

[*] Es ist verständlich, dass Menschen in einer großen Lebenskrise anfangen, nach übernatürlichen Antworten zu suchen. Bei Patienten mit Selbstmordabsichten ist mir allerdings auch schon begegnet, dass sie sich in okkulte Kreise begeben hatten. Ein früherer Patient verlor seinen guten Freund, nachdem dieser sich – auf der Suche nach dem Sinn des Lebens – auf einen Satanskult eingelassen hatte. Goethe hat sicherlich recht, wenn er in seinem „Faust" beschreibt, dass man die Geister, die man rief, nicht wieder loswird. In christlichen Gemeinden gibt es nach meiner Beobachtung viele Menschen, die sich aufgemacht haben, dort als letzten Rettungsanker eine Antwort auf ihre quälenden Probleme zu finden. Ich habe aus diesen Kreisen Menschen kennen gelernt, die in einer großen Lebenskrise steckten und anfingen, nach „übernatürlichen Antworten" zu suchen. Leider begegnet man immer wieder enttäuschten Menschen, die gerade in christlichen Kreisen keine freundschaftlichen Beziehungen knüpfen konnten und die durch Predigten noch zusätzlich abgeschreckt statt psychisch aufgebaut wurden.

Körperliche Auffälligkeiten

Insbesondere bei Menschen, die immer viel Wert darauf gelegt haben, gepflegt und gut gekleidet zu erscheinen, kann ein Nachlassen des gepflegten *Äußeren* auffallen. Man könnte meinen, die Person sei aber lange nicht beim Friseur gewesen oder laufe in ungewöhnlich vernachlässigter Kleidung, neuerdings immer im selben Paar Schuhe oder mit sehr ungepflegten Fingernägeln herum. Vielleicht kommt es einem auch so vor, als würde z. B. die Mitarbeiterin unangenehm riechen oder sich gar nicht mehr wie früher parfümieren. Noch wachsamer sollten wir sein, wenn uns auf einmal *Narben* oder *Verletzungen* der Haut auffallen, insbesondere im Bereich der *Pulsadern*. Zwar muss dies nicht bedeuten, dass die Person mit Müh und Not einem Selbstmordversuch mit Pulsaderschnitt entronnen ist, aber solche Schnitte oder Narben weisen zumeist auf selbstzerstörerisches Verhalten hin und lassen dahinter ein großes ungelöstes Problem vermuten. In gewisser Weise gehört auch ein *extremes Essverhalten* zu autoaggressivem Verhalten, d. h., jemand richtet seine Wut gegen sich selbst und verwendet ein erhebliches Maß an psychischer Energie darauf, sich selbst zu schädigen. In Kombination mit anderen Signalen, die eine Person sendet, können hinter einer Fastenkur oder auch Heißhungerattacken Selbstmordabsichten stecken. Wir kennen den Ausdruck „lebensmüde" im Zusammenhang mit dem Wunsch, nicht mehr leben zu wollen. Hierbei findet in manchen Fällen eine tatsächliche körperliche *Müdigkeit* ihren Niederschlag.

Mündliche Äußerungen und Gesprächsinhalte

Wir Menschen als kommunikationsfähige Beziehungswesen sprechen üblicherweise und mehr oder weniger bewusst über die Dinge, die uns beschäftigen, die uns erfreuen oder auch Probleme bereiten. Aus verschiedenen Gründen äußern wir uns manchmal nicht direkt, sondern unser Gesprächsgegenüber hat die Aufgabe, unsere *Botschaft* zu *entschlüs-*

seln. Suizidanten machen es dem Zuhörer leicht, wenn sie beispielsweise sagen: „Ich will nicht mehr leben" oder „Ich mach Schluss mit dem ganzen Mist". Diese *eindeutigen Äußerungen* sollten auf jeden Fall ernst genommen werden. Ich werde weiter unten noch näher darauf eingehen, wie wir damit umgehen sollten. Manchmal stoßen wir auch auf etwas *„verpacktere" Aussagen,* die eine starke Hoffnungslosigkeit ausdrücken: Jemand könnte sagen: „Das hat doch alles keinen Sinn mehr!" oder „Ich habe keinen Bock mehr!" oder „Mir kann sowieso niemand helfen!". Menschen, denen das Leben zur Last geworden ist, empfinden sich in der Folge häufig auch als Last für ihre Mitmenschen, was sich dann folgendermaßen anhören könnte: „Wenn ich nicht mehr da wäre, hätten mein Mann und meine Kinder es leichter." Man sollte es nicht als schlechten Witz auffassen, wenn jemand sagt: „Du kannst mir meine Zeitung mit ins Grab geben" oder „Vielleicht stürz ich ja ab beim Bergsteigen?!" oder ein wenig verschleierter „Oma hat es gut, die hat's schon hinter sich".

Verschlüsselte Botschaften

Manche Suizidanten sprechen recht offen darüber, dass sie dabei sind, Abschied zu nehmen, und nur noch dies oder jenes vorher tun wollten. Je nach religiösem Hintergrund tauchen Fragen danach auf, ob man sich das Leben nehmen dürfe, ob es ein Leben nach dem Tode gebe usw. Natürlich gehören diese Fragen nach dem Lebenssinn und einem Weiterleben nach dem Tod schon immer zur Menschheit, aber sie können ein Mosaiksteinchen sein, das mit weiteren zusammengesetzt das Bild eines bevorstehenden Selbstmords ergibt.

Fragen nach dem Sinn des Lebens und dem Tod

Schriftliche Botschaften

Wer kennt nicht diese typischen Schülerkritzeleien auf der Schreibunterlage, im Schulheft oder auf den Tischen?! Auch Erwachsene malen bei langweiligen Besprechungen manchmal kleine Strichmännchen oder abstrakte Figuren auf ihren Notizblock. Doch ist nicht jedes banal wirkende *Symbol*

Symbole

tatsächlich nur ein Zeitvertreib oder ein Versuch, den ausgetrockneten Füller wieder zum Schreiben zu bringen. Insbesondere Kreuze, Särge, Totenköpfe und Gräber, zumal wenn sie häufiger zu finden sind, sollten uns aufmerken lassen. Ungewöhnlich ist es zudem, wenn Kinder oder Jugendliche schon ein *Testament* machen oder in Nebensätzen z. B. bemerken: „Meine neue Uhr könnt ihr dann meiner kleinen Cousine schenken."* Meiner Beobachtung nach sind es vor allem weibliche Teenager und Frauen, die *Tagebuch* schreiben. Mitunter lässt jemand, der mit Selbstmordfantasien kämpft, solche Aufzeichnungen offen liegen, weil er bzw. sie möchte, dass sie wahrgenommen und gelesen werden. Nicht selten schreibt ein Mensch vor seinem Selbstmordversuch einen Abschiedsbrief, der offen bei ihm liegt oder leicht zu finden ist.

Testament

Offenes Tagebuch

Veränderungen der Emotionalität

Während wir bisher die Verhaltensebene einschließlich Kommunikation und äußerer Erscheinung angesehen haben, kommen wir nun zu den Gefühlen eines Suizidanten. Diese fallen manchmal nicht sofort ins Auge. Bei einer Frau denkt man vielleicht, sie sei zyklusbedingt etwas verstimmt. Für die starke Gereiztheit oder plötzlich auftretende Gelassenheit eines Geschäftsmanns sucht man üblicherweise firmenbedingte Auslöser.

Gereiztheit oder plötzliche Gelassenheit

Tatsächlich ist es aber so, dass Menschen, die sich mit Selbstmordgedanken plagen, oft *apathisch* oder *ausdruckslos* auf ihre Mitmenschen wirken. Sie können einem vorkommen, als wären sie zwar körperlich anwesend, aber ir-

Apathie, Anspruchslosigkeit

---

* Es ist sicherlich sinnvoll, wenn man als Erwachsener nicht einfach die gesetzliche Regelung seines Nachlasses wünscht, ein Testament zu hinterlassen. Wenn jemand jedoch gesund ist und trotzdem häufig über sein Testament spricht, es umschreibt oder neu beglaubigen lässt, können wir dieses Verhalten als Alarmzeichen ansehen und sollten einmal nachfragen.

gendwie innerlich nicht bei der Sache, in Gedanken woanders, geistig nicht präsent im Hier und Jetzt.*

Bei selbstmordgefährdeten Menschen gibt es außerdem eine Veränderung der Emotionalität dahingehend, dass jemand eine gewisse Zeit lang gefühlsmäßig sehr aufgebracht und bewegt wirken kann. Diese Phase kann dann ohne ersichtlichen äußeren Auslöser von einer unerwarteten Gelassenheit und inneren Ruhe abgelöst werden. Hierbei kann es sich um die trügerische *Ruhe vor dem Sturm* handeln, die **Ruhe vor** bedeuten könnte, dass jemand sich nun entschieden hat, **dem Sturm** sich das Leben zu nehmen und darüber eine Art „inneren Frieden" gefunden hat, der auf seine Mitmenschen wie Ruhe und Gelassenheit wirkt.

Konkrete Vorbereitungen für einen Suizid

Die höchste Alarmstufe hinsichtlich der Signale für eine Selbstmordgefährdung ist die *Beschaffung der nötigen Mit-* **Beschaffung** *tel.* Dazu kann gehören, dass jemand sich viele Schlaftablet- **der Mittel** ten besorgt und die Beipackzettel gründlich liest. Es sollte uns auch stutzig machen, wenn wir erleben, dass jemand sich ohne erkennbare Motivation auf eine Autobahnbrücke stellt, an Bahngleisen entlangspaziert oder längere Zeit Zugfahrpläne studiert. Ebenfalls verdächtig ist häufig der Kauf von Rasierklingen, einer Waffe oder einem (Abschlepp-)

---

* Jeder kennt wahrscheinlich von sich Zeiten in seinem Leben, in denen ihn etwas im positiven oder auch negativen Sinne so sehr beschäftigte, dass alles andere zur unwichtigen Nebensache wurde und er völlig von diesem Projekt oder dieser Angelegenheit absorbiert wurde. Vielen Menschen geht es im Zusammenhang mit den Vorbereitungen für die eigene Hochzeit, dem Lernen für eine Prüfung oder der Organisation eines größeren Umzugs so. Doch neben diesem Fokus der eigenen Aufmerksamkeit und der gesamten Energie besteht dennoch ein Kontakt zur Außenwelt. Es gibt eine Gewissheit für die Zeit *nach* dem großen Ereignis xy. Es geht überhaupt nicht um ein inneres Abschiednehmen, mit dem typischerweise die Apathie und Ausdruckslosigkeit von Suizidanten einhergeht.

Seil. Meistens werden diese Käufe heimlich getätigt und die Einkäufe anschließend an einem geheimen Platz versteckt. Manchmal – insbesondere, wenn der Selbstmord einen starken Hilferuf beinhaltet – bekommen Angehörige oder Freunde diese vorbereitenden Schritte allerdings auch mit und sollten dann unbedingt nachhaken, was dieses Verhalten zu bedeuten habe.

Das präsuizidale Syndrom

Der Psychiater Erwin Ringel begann in den fünfziger Jahren des letzten Jahrhunderts, die Phase zu untersuchen, die dem Selbstmord direkt vorausging (zur Vertiefung s. Ringel im Anhang).

Er fand bei der Mehrzahl der über 700 untersuchten Patienten, die einen Selbstmordversuch überlebt hatten, folgende drei Charakteristika: Einengung, verstärkte und gleichzeitig gehemmte Aggression sowie Flucht in die Irrealität. Diese Merkmale fasste er unter dem Begriff „präsuizidalen Syndrom" zusammen. Im Einzelnen bedeuten sie:

■ Einengung:
Auf der Verhaltensebene findet sich – insbesondere bei älteren Patienten – ein Rückgang der sozialen Aktivitäten sowie ein Desinteresse an sämtlichen Lebensbereichen. Die Gedanken zeichnen sich durch Wertlosigkeit bezüglich der eigenen Person aus, und viele zwischenmenschliche Beziehungen scheitern aufgrund ihrer ungünstigen Konstellation. Mit Fortschreiten dieser Entwicklung kommt der Betreffende in eine tiefe Resignation und Vereinsamung.

■ Aggression:
Menschen mit verstärkten und gleichzeitig gehemmten *Aggressionen schlucken* diese herunter und machen ihrem Ärger keine Luft. Sie ertragen quälende Situationen (z. B. Mobbing) übermäßig lange. Eine Lappalie kann jedoch dazu führen, dass sie einen unangemessenen Wutausbruch

bekommen und ihren unterdrückten Aggressionen auf diese Weise ein Ventil verschaffen.

■ Flucht in die Irrealität:
Der Realität nicht mehr ausreichend gewachsen, flüchtet der Betreffende in die Irrealität. Die Ausrichtung an der Realität muss dem *Fantasieleben* zunehmend weichen. In dieser Scheinwelt kommt es zum Fantasieren des Gegenteils, z. B. wird der Versager erfolgreich oder der Schwache stark. Das Fatale an dieser Entwicklung sind die zunehmende Wichtigkeit und der wachsende Wirklichkeitscharakter, die das Fantasieleben erhält. Am Ende kann der Betreffende sich kaum noch gegen die fantasierten Inhalte wehren und wird *von* seinen *Selbstmordgedanken* quasi zur Umsetzung *getrieben.* Er fantasiert seinen Tod und seine Beerdigung und ist dabei gleichzeitig Beobachter des Geschehens. In dieser als Wirklichkeit erscheinenden Irrealität erfährt der Suizidant eine Genugtuung bei der Vorstellung, wie seine Angehörigen am Grab stehen und Versäumnisse gern wieder gutmachen würden.

Leben in Fantasiewelten

Das präsuizidale Syndrom wurde später von anderen Wissenschaftlern erweitert. Während es ein gewisses Maß an Bilanzierung, Reflexion und Entscheidung des suizidalen Menschen suggeriert, fand man, dass die meisten Suizidhandlungen aus einem *Impuls* durchgeführt werden (wenngleich die Planung sich über einen längeren Zeitraum erstreckt haben kann). Ein weiteres zusätzliches Charakteristikum ist die *Ambivalenz* des Suizidanten bezüglich seines Wunsches zu sterben.

Impuls und Ambivalenz

Abschätzung der Suizidalität
Suizidalität ist etwas Prozesshaftes und benötigt daher *zu verschiedenen Zeitpunkten* eine Einschätzung. Primäres Ziel ist die Vermeidung eines Suizids. Aber auch nach einem überlebten Suizidversuch geht es darum, die Entwick-

lung der Selbstmordgefährdung nicht aus dem Blickfeld zu verlieren.

Es gibt eine Zunahme der Selbstmordgefährdung über die folgenden drei Stufen:

1. Gedankenspiele oder Selbstmordfantasien
2. Selbstmorddrohungen
3. Selbstmordversuche

1. Selbstmordgedanken oder -fantasien

Gedankenspiele sind zwar zunächst die „harmloseste" Stufe, aber grundsätzlich die Vorläufer, die jedem Selbstmordversuch oder auch „gelungenen" Selbstmord vorausgehen. Selbstmordfantasien bedeuten, dass jemand einen Selbstmord in Erwägung zieht, an der *Schwelle* steht, diese endgültige Lösung für seine Probleme zu wählen. Hinweise finden sich selten beim ersten Hinsehen oder Hinhören, aber wir können eine Sensibilität für solche Suizidüberlegungen entwickeln. Hellhörig sollten wir werden:

An der Schwelle stehen

Wenn jemand über den Tod oder über den Selbstmord einer anderen Person spricht. Er könnte auch ein großes Interesse an *Filmen* oder Videos zeigen, die mit dem *Thema Tod* und Sterben zu tun haben.

Filme zum Thema Tod

Wenn ein Mensch seine Bankgeschäfte auf einmal alle ganz gründlich sortiert, *Ordnung* in seiner Wohnung macht, sich bei seinen Freunden für eine gewisse Zeit verabschiedet, weil er in Kur gehen und dort seine Ruhe haben wolle, vielleicht sogar ohne Adressangabe der Kurklinik.

Gründliche Ordnung schaffen

Natürlich ist nicht jede Verstimmung oder Depression ein Vorbote für einen Selbstmord. Dennoch kann es sein, dass jemand aus einer langen und / oder wiederkehrenden *Depression* heraus an Selbstmord denkt. Selbstmordgedanken bei Personen aus den Risikogruppen haben damit einen höheren Stellenwert als bei Menschen aus der Normalbevölkerung.

Depressionen

Mancher Selbstmörder hatte vor seiner Tat Phasen von massiver *Müdigkeit* oder auch von Schlaflosigkeit.

Müdigkeit

Wie wir weiter vorn gesehen haben, gibt es nicht nur die „klassischen Methoden" von Selbstmord wie Erhängen, Vergasen, Pulsaderschnitte oder Erschießen, sondern merkwürdige Unfälle. *Leichtsinnige Autofahrten* und auffällige „Spielereien" mit Messern oder anderen scharfen Gegenständen können Ausdruck von Selbstmordfantasien sein.

Wenn jemand unter einem belastenden Lebensereignis (Life Event) sehr leidet, könnte ihn dies zumindest vorübergehend dazu verleiten, an Selbstmord zu denken.

2. Selbstmorddrohungen

Sowohl Erwachsene als auch Jugendliche denken unter gewissen Lebensumständen ernsthaft über Selbstmord nach, sprechen mit jemandem darüber oder schreiben einen *Abschiedsbrief*. Wenn man diesen findet, kann es möglicherweise noch nicht zu spät sein, den Schreiber des Briefs zu retten. Wir sollten so einen Brief grundsätzlich ernst nehmen, wenn wir ihn finden. Manchmal hört man, dass jemand „immer nur mit Selbstmord droht, wenn er Krach mit seiner Frau hatte. Aber das macht der ja doch nicht ..." Es gibt tatsächlich Menschen, die herausgefunden haben, dass sie ihre Angehörigen nach ihrem Willen beeinflussen bis hin zu gefügig machen können, wenn sie mit Selbstmord drohen. In manchen Beziehungen oder Familien scheint es zu den ungeschriebenen „Spielregeln" zu gehören, hin und wieder einen Scheinfrieden nach Konflikten herbeizuführen, wobei einer aus dem System die anderen verstummen und kompromissbereit werden lässt, indem er droht, sich zu suizidieren. Solche *Erpressungsversuche* sind mehr als unfair und die Mitbeteiligten können dem Druck sicherlich auf die Dauer nicht standhalten. Hier wäre fachliche Hilfe wahrscheinlich angebracht.

Neben diesem etwas inflationär anmutenden Gebrauch einer Selbstmorddrohung – auch sie könnte selbstverständlich eines Tages Realität werden – gibt es aber häufig auch Drohungen, die maskiert und vielleicht nur einmal auftreten, ehe dann die tragische Umsetzung erfolgt. Aus diesem Grund sollten wir darauf eingehen, wenn jemand damit droht, sich das Leben zu nehmen. Indem wir *nachfragen*, können wir ihm die Möglichkeit geben, sich zu entlasten, und wir selbst bekommen Informationen, die die genauere Einschätzung der Suizidalität ermöglichen.

3. Selbstmordversuche

Wie wir bereits gesehen haben, ist nach einem Selbstmordversuch die Wahrscheinlichkeit für einen weiteren deutlich gegeben – sofern die Kernproblematik nicht gründlich bearbeitet wird. Die Erfahrung zeigt, dass es selbst nach einer gründlichen Bearbeitung leider keine *Garantie* für das Unterlassen weiterer Suizidversuche gibt, wenn es nämlich im Leben eines Menschen erneut zu starken Belastungen kommt und er keine Lösungsmöglichkeiten für sich erkennt. Zur *groben Einschätzung* der Ernsthaftigkeit eines Suizidversuchs können wir uns an folgenden drei *Indikatoren* (Hinweisen, Anzeigern) orientieren:

Keine Garantie

Indikatoren zur groben Einschätzung

■ Selbstmordabsicht:
Durch Gespräche sowohl im Vorfeld, wenn jemand seine Selbstmordgedanken äußert, als auch nach überlebten Suizidversuchen, können wir versuchen herauszufinden, wie intensiv sein *Wunsch zu sterben* ist bzw. war. Manche Menschen sind froh, dass sie überlebt haben, andere bereuen, dass ihr Leben fortdauert.

Wunsch zu sterben

■ Selbstmordarrangement:
Suizidale Menschen berücksichtigen bei ihren Plänen den Aspekt, ob sie noch *rechtzeitig gefunden werden* möchten oder nicht. Entsprechend arrangieren sie die Durchführung ihrer Selbstmordhandlung. Eine Person könnte z. B. im Freundeskreis erzählen, sie fahre in Urlaub, tatsächlich bleibt sie aber zur Durchführung ihrer Suizidpläne in ihrer

Wohnung, in der sie erst nach Ablauf ihrer angeblichen Urlaubszeit tot aufgefunden wird.

■ Suizidmethode:
Ehe ein Mensch sich umbringt oder es zumindest versucht, macht er sich über die Wahl seiner Methode Gedanken. Er wägt ab, auf welche Art er den Suizid begehen müsste, um einen sicheren oder (hoffentlich) weniger *sicheren Ausgang* seiner Handlung zu erreichen.

Sicherer Ausgang

Wenn wir diese drei Indikatoren anschauen, können wir nicht eindeutig von sicheren oder unsicheren Methoden sprechen, da z. B. Medikamente oder Alkohol an sich zu den „weichen" Suizidmethoden zählen und dennoch den Tod herbeiführen können. Die Charakteristika für ernsthafte Selbstmordversuche sind *nur grobe Anhaltspunkte*, da immer auch „Pannen" eintreten können.[*]

Grobe Anhaltspunkte

Viele Selbstmörder – jedweder Altersgruppe – hinterlassen vor ihrer Tat einen Abschiedsbrief, der darauf schließen lässt, dass sie ihr Leben bilanziert haben und letztendlich zu dem Schluss kamen, dass sich ein Weiterleben keinesfalls lohne. Man könnte somit annehmen, dass es diese abschließende *negative Bilanz* ist, die den Suizid(-versuch) ausgelöst hat. Sowohl die Forschung (z. B. Ringel 1997) als auch Gespräche mit Überlebenden von Selbstmordversuchen zeigen

Negative Bilanz

---

[*] Z. B. könnte jemand einen Sprung vom Hochhaus oder vor die S-Bahn (harte Methode) „versehentlich" überleben. Eine Frau könnte nach einem wiederholten massiven Ehestreit abschalten wollen (parasuizidale Pause) und Schlaftabletten nehmen, ehe sie sich ins Bett legt, wo sie darauf wartet, dass ihr Mann sie schlafend findet (Arrangement ermöglicht ein schnelles Auffinden). Dieser verlässt aber unverhofft und unbemerkt das Haus und trifft sich mit einem Freund, mit dem er gemeinsam erst noch etwas trinken geht, um dann bei ihm zu übernachten. Zwischenzeitlich haben die Schlaftabletten ihre Wirkung getan und durch die Überdosierung das Atemzentrum gelähmt, sodass die Frau verstirbt.

indessen, dass diese *großteils im Affekt* ausgeübt wurden, also nicht mit kühlem Kopf und bei klarem Verstand. Vorausgegangen ist üblicherweise eine Reihe von psychischen Traumata (z. B. Kränkungen, Trennungserlebnisse), die beim Rückblick auf das eigene Leben eine entscheidende Rolle spielen, aber dem Suizidanten im Moment der Handlung nicht bewusst sind. Die psychische Verfassung kurz vor und während der Tat lässt sich als Einengung beschreiben (s. Präsuizidales Syndrom). Ehe ein Mensch sich umbringt, lebt er in einer Phase, die im Fachjargon vielfach mit *chronische Phase* beschrieben wird. Hierbei kann es sich um Monate bis hin zu vielen Jahren der Abwägung des Für und Wider handeln, an deren Ende dann der Entschluss steht.

Chronische Phase

Um das Ausmaß der Suizidgefährdung abschätzen zu können, können wir verschiedene Aspekte der Krise beleuchten:

■ Beschreibung der Krise:
Wir können den Suizidanten fragen, wie er seine Krise derzeit erlebt, was seine Lage so ausweglos erscheinen lässt. Er kann uns hierbei berichten, was er bereits versucht hat, um eine Veränderung seiner Lebenssituation herbeizuführen.

■ Ernsthaftigkeit:
Manchmal hilft es, mit einer Skala von 1 bis 10 zu erfragen, wie überzeugt der Selbstmordgefährdete davon ist, dass es außer dem Suizid keinerlei alternative Lösungsmöglichkeiten für seine Probleme gibt. Dadurch lässt sich die Ernsthaftigkeit und das aktuelle Wiederholungsrisiko abschätzen.

■ Verstärker:
Hierunter fallen jene Bedingungen, Gedanken, Zukunftsvorstellungen und zwischenmenschliche Beziehungen, die die Krise verstärken bzw. entschärfen.

■ Erwartungen:
Menschen mit Selbstmordabsichten oder nach einem Suizidversuch haben ganz unterschiedliche Erwartungen an sich
und ihre Mitmenschen. So wünschen manche sich Hilfe,
während andere Hilfe gegenüber ablehnend wirken. Letzteres kann ein Hinweis darauf sein, dass die Person für sich
schon mit dem Leben abgeschlossen hat.

■ Frühere Krisen:
Wir Menschen lernen aus früheren Erfahrungen in ähnlichen
Situationen. Daher ist es von Bedeutung, wie der Selbstmordgefährdete früher mit vergleichbaren Situationen um-
ging, welche Lösung er gefunden hat. In der jetzigen Situation kann ihm der Gesprächspartner zur Hilfe werden wenn
es gelingt, Lösungsmöglichkeiten zu erarbeiten, bzw. die
wiederzubeleben, die bereits im Betroffenen liegen. Man
spricht hierbei von Ressourcenorientierung.

■ Sinn und Ergründung dieser Krise:
Manchmal erscheinen Krisen ohne jeglichen Sinn. Dennoch
sollte man sich davon nicht verunsichern lassen, sondern
versuchen herauszufinden, welche Bedeutung die Todes-
oder Sterbewünsche haben könnten.
    Therapeuten und Laienhelfer sollten stellvertretend
Hoffnung entwickeln und diese auch vermitteln. Damit ist
kein leichtfertiges Verteilen von Trostpflastern gemeint.
Wenn deutlich wird, dass keine akute Suizidgefahr mehr besteht, sollten wir das Thema Selbstmord nicht voreilig als
bearbeitet ansehen. Vielmehr sollten wir Gespräche anbieten
mit folgenden Aspekten:
■ Wie sieht die subjektive Bilanz des in eine Lebenskrise
   geratenen Menschen aus?
■ Welche Möglichkeiten der Veränderung seiner Situation
   sind kurz- und mittelfristig denkbar und umsetzbar?
■ Welcher Wunsch nach zwischenmenschlicher Beziehung
   ist unerfüllt?

- Welche Enttäuschungen haben zu der Krise geführt?
- Gab es ähnliche Enttäuschungen schon öfter im Leben des Betroffenen?

Der Aufbau, die Aufrechterhaltung und die Festigung des Kontakts zum Suizidalen ist sehr wichtig. Doch niemand – auch nicht der erfahrenste Therapeut! – kann einen Menschen mit Sicherheit vom Suizid abhalten. Ein Helfer muss u. U. die Kränkung durch den Suizid seines Schützlings aushalten und verarbeiten. Hierfür braucht er wahrscheinlich dann selbst Unterstützung, z. B. in Form von Supervision.

Wenn Stress an der Lebenszufriedenheit nagt

Selbstmordabsichten sind ja – vereinfachend gesagt – die letzte Möglichkeit, mit aktuellen Lebensproblemen umzugehen, die auf eine individuelle Biografie mit ihren Verletzungen, Enttäuschungen und Misserfolgen aufgesattelt sind. Während wir die Vergangenheit niemals rückgängig machen können, sondern allenfalls eine Aussöhnung mit ihr möglich ist, sind die aktuellen Handlungsmöglichkeiten üblicherweise deutlich breiter, als sie jemandem mit suizidalem „Tunnelblick" vorkommen. Um die aktuelle Überforderungssituation eines verzweifelten Menschen mit Selbsttötungsfantasien oder bereits konkreten Selbstmordabsichten besser zu verstehen und künftige stressbedingte Krisen in der Zukunft zu verhindern, ist es von Nutzen, die *Stressverarbeitungsmöglichkeiten* des Betroffenen anzuschauen.

Möglichkeiten der Stressverarbeitung

Dabei gibt es kein objektives Kriterium dafür, was jemand als Stress, also eine sehr herausfordernde Situation bzw. Lebensphase, erleben darf oder kann oder sollte. Manch einen würde es stressen, nachts bei Regen Auto fahren zu müssen, während ein anderer es als nervenaufreibend empfindet, eine Geburtstagsfeier für einen Freund zu organisieren. Man teilt Stress in angenehmen (*Eustress*) und unangenehmen Stress

(*Distress*), der körperlich und seelisch belastend wirkt, ein. Bei Stress, der von innen kommt (durch Erinnerungen, Gedanken, Befürchtungen), spricht man von *Strain*. Übermäßige Herausforderungen von außen bedeuten *Stress* im engeren Sinn. Eine große Rolle spielt beim Empfinden von Stress, ob jemand meint, Einfluss auf die Situation nehmen zu können, oder sich von außen gesteuert und damit ausgeliefert erlebt. (Entstehung und Aufrechterhaltung von Stress s. Dieterich; Kaluza; La Haye; Tausch, s. Anhang).

Eustress und Distress

Ich habe immer wieder bei suizidalen Patienten beobachten können, dass sie über ein nur unzureichendes *Stressmanagement* verfügten. Unter dem Druck des manchmal harten Berufslebens oder der Doppelbelastung von berufstätigen Familienfrauen ist es durchaus verständlich, wenn zusätzlich belastende Lebensereignisse von der Seele nicht mehr aufgefangen werden können. Glücklicherweise kommt ja nur eine kleine Minderheit gestresster Personen auf den Gedanken, sich „endlich ewige Ruhe zu verschaffen" oder „mal richtig abzuschalten." Faktoren wie *Selbstwertgefühl, soziale Einbindung* sowie *Konfliktverarbeitung* spielen neben dem Umgang mit Stress eine entscheidende Rolle. Im Folgenden möchte ich einige konstruktive Stressbewältigungsstrategien erläutern, die man sich in einer Art Selbsthilfe-Programm zum einen selbst aneignen kann, die aber auch als Hilfe für einen gestressten und (lebens-)müden Menschen zur Verfügung gestellt werden können. Hier gilt wie bei allen Hilfsmöglichkeiten, dass wir sie nicht als billiges Trostpflaster verteilen sollten. Der gut gemeinte Tipp, doch einfach mal wieder in Urlaub zu fahren, bringt einen Menschen, der sich aus dem Leben verabschieden möchte, sehr wahrscheinlich dahin, sich noch unverstandener und einsamer zu fühlen als ohnehin schon ...

Die Auflistung soll lediglich Impulse geben, an welchen Stellschrauben im Gesamtgefüge aus Gedanken, Verhalten und Beziehungsgestaltung konstruktive Veränderungen

Unzureichendes Konfliktmanagement

Konstruktive Stressbewältigungsstrategien

Selbstwertgefühl, soziale Einbindung und Konfliktverarbeitung

möglich wären. Die Reihenfolge ist dabei beliebig und von den jeweiligen Erfordernissen im Einzelfall abhängig. Wie alle Kategorisierungen ist auch diese Einteilung künstlich. So führen bestimmte Gedanken zu bestimmten Verhaltensweisen und beeinflussen auch die zwischenmenschlichen Interaktionen. Je nach Echo, das jemand auf sein Verhalten bekommt, werden sich auch seine Gedanken und Gefühle verändern usw.

Das so genannte Stressmanagement ist auf drei Ebenen möglich:

- Gedankliche Ebene
- Zwischenmenschliche Ebene
- Verhaltensebene

Gedankliche Ebene

> Wir können nicht verhindern, dass schwarze Vögel unseren Kopf umkreisen, aber wir müssen ihnen keine Nester bauen.
> (nach Martin Luther)

Aus einer Mücke einen Elefanten machen

Manche Menschen scheinen aus Situationen, die für einen Außenstehenden eher die Größe einer *Mücke* haben, einen *Elefanten* zu machen. Als Beobachter denkt oder sagt man vielleicht auch, der andere solle nicht so übertreiben, sich nicht so hineinsteigern. Andere Menschen in vergleichbaren Situationen wirken recht gelassen, scheinen sich gut zuzureden und darauf zu vertrauen, dass die Angelegenheit sich wieder einrenken werde oder auch nicht so schlimm ist. Letztere haben Möglichkeiten gefunden, sich durch Kleinigkeiten gar nicht erst aus dem seelischen Gleichgewicht bringen zu lassen, und haben dadurch nicht so schnell das Gefühl, dem Leben nicht gewachsen zu sein. *Gelassenheit* ist keinesfalls mit Gleichgültigkeit oder Nicht-wahrhaben-Wollen zu verwechseln, sondern meint hier den entspannten Umgang mit Alltagspannen wie die nach dem Einkauf an

Gelassenheit

72

der Kasse vergessene Tüte Milch oder die Absage der Klavierlehrerin für die Übungsstunde am Nachmittag.*

Vielleicht haben Sie es selbst schon erlebt, dass unzufriedene Personen dazu neigen, *alles in einen Topf* zu werfen, wenn ihr Energietank leer ist und der Reservetank auch schon angezapft ist. Bei manchen Patienten hört sich das z. B. so an: „Es kotzt mich wirklich alles an: Erst die Trennung, dann der Wasserschaden in der Wohnung, und vorhin war auch noch überall Stau, meine Putzfrau ist krank und mein Hund muss auch noch zum Tierarzt. Ich hab sowieso keine Lust mehr, was soll die ganze Plackerei eigentlich noch ...?!“

Alles in einen Topf werfen

Insbesondere depressive Patienten haben häufig *Schuldgefühle,* die jeglicher realistischer Grundlage entbehren. Während falsche Schuldgefühle zwar zum Krankheitsbild der Depression (als affektive Störung) durchaus dazugehören, finden wir sie erstaunlicherweise manchmal auch bei Menschen ohne Depressionen. Es kann einem fast wie *magisches Denken* vorkommen, wenn jemand z. B. äußert, schuld daran zu sein, dass sein Vater fernab auf einer Urlaubsreise ins Krankenhaus gehen musste. Manche Menschen scheinen sich mit Vorliebe Schuhe anzuziehen, die ihnen zum einen nicht gehören und zum anderen auch nicht passen. Bei näherer Betrachtung merken sie dann, dass sie die Situation gar nicht zu verantworten haben und dass das Missgeschick des anderen nicht an ihnen liegt. Die Übernahme von falscher Verantwortung und Schuld belastet und lässt das Leben

Schuldgefühle ohne Grund

Übernahme von falscher Verantwortung

---

* Man mag hier einwenden, dass solche Kleinigkeiten doch völlig irrelevant sind, wenn jemand sich überlegt, nicht mehr leben zu wollen. Es ist richtig, dass kein Mensch sich wegen einer vergessenen Tüte Milch umbringt, aber wenn Menschen sich vom Alltag überfordert fühlen, weil sie mit zahlreichen solcher kleinen Situationen in ungünstiger bis hin zu selbstschädigender Weise umgehen, ist ihre Belastungsgrenze bei einem größeren Vorfall deutlich schneller überschritten als bei Menschen, die den Alltag mit seinen kleinen Hürden besser bewältigen.

u. U. sehr mühselig erscheinen. Schuld- und Versagens-
gefühle beeinflussen unser Selbstwertempfinden negativ.
Bei den meisten suizidalen Entwicklungen liegt ein schwa-
ches Selbstwertgefühl zugrunde. Dieses kann im Zusammenhang mit einer suizidalen Entwicklung zu verschiedenen Zeitpunkten zum Tragen kommen.

Selbstwertprobleme können auf dem Weg zum Selbstmord sein:

■ mitauslösender Faktor
(durch vorausgehende Selbstwertprobleme entsteht die Suizidalität)

■ aufrechterhaltender Faktor
(durch das schwache Selbstwertgefühl bleibt die Suizidalität
bestehen)

■ negativ verstärkender Faktor
(die Suizidalität wurde zunächst z. B. durch ein stark belas-
tendes Lebensereignis ausgelöst und wird durch ein schwa-
ches Selbstwertgefühl noch erhöht).

Üblicherweise sind Selbstwertprobleme für die Suizidalität
sowohl bei ihrer Entstehung als auch bei der weiteren Ent-
wicklung stark beteiligt und gehen nicht vorüber wie eine
Grippe. Die Arbeit am Selbstwertempfinden ist ein längerer
Prozess und bedarf im Allgemeinen der fachmännischen
Unterstützung.

Vielfach kann man bei Personen mit Einschlafstörungen
feststellen, dass sie sich gedanklich immer wieder mit einem
Malheur des vorangegangenen Tages beschäftigen, sodass
schon fast Rauchwolken über ihrem Kopf aufsteigen. Kleinen Kindern empfiehlt man ja manchmal, wenn sie nicht
einschlafen können, sie sollten vor ihrem inneren Auge
Schäfchen zählen. Zum einen ist dies sehr ermüdend und
damit schlaffördernd, des Weiteren lenkt es ab von all dem,

was vorher die Gedankenwelt dominiert hat. Ich plädiere nicht dafür, Aufgaben nicht zu Ende zu denken oder Probleme ungelöst unter den Tisch fallen zu lassen. Aber manchmal ist die Zeit einfach noch nicht reif für eine Lösung (z. B. der innere Entwurf für einen Antwortbrief an den unverschämten Kunden).*

Das Bett ist kein Ort zum Probleme wälzen

Manchmal scheinen sich die kleinen Alltagswidrigkeiten zu verbünden und alle auf einmal aufzutreten. Vielleicht kommt morgens unter der Dusche plötzlich nur noch kaltes Wasser, man merkt auf dem Weg zur Arbeit, dass man wichtige Unterlagen zu Hause hat liegen lassen, und kaum im Büro angekommen, erhält man einen Anruf, dass man sein Kind aus der Schule abholen solle, weil es Durchfall hat. Die Entscheidung liegt in solchen Fällen jeweils an uns selbst, ob wir meinen, dass Schicksal hätte sich gegen uns verschworen, oder ob wir uns an jene Tage erinnern, an denen wir erfolgreich waren oder Anerkennung bekommen haben. Es sind also primär unsere positiven Gedanken, die dazu führen, dass wir uns wieder besser fühlen, uns Selbstbestätigung verschaffen.

Gedanken beeinflussen Gefühle

---

* Durch ständiges *Grübeln* nehmen allenfalls Wut und Ohnmachtsgefühle zu, während Ablenkung zu Entspannung und einem Reifen der Lösung im Verborgenen – wie Keime unter der Ackeroberfläche – führen könnte. Es hat manchen meiner zum Grübeln neigenden Patienten schon geholfen, dass sie sich in ihrer Wohnung einen festen Grübelplatz suchten und sich bereits vorher überlegten, wie lange sie sich Zeit zum Grübeln nehmen und vor allem was sie im Anschluss Angenehmes tun wollten. Das *Bett* sollte grundsätzlich *kein Ort zum Probleme wälzen* sein, sondern nur für Entspannung, Schlaf und Sexualität reserviert sein. Wenn das Bett nämlich mit negativen Erfahrungen wie Grübeln verbunden wird, kann es zu einer negativen Konditionierung kommen, d. h., dass jemand dann ungern zu Bett geht, es als aversiv empfindet und möglicherweise sogar Schlafstörungen entwickelt. (Zur Vertiefung des Themas Schlafstörungen verweise ich auf die weiterführende Literatur im Anhang: Feld; Friebel.)

> Vieles können wir realisieren, wenn wir aufhören, uns als hilflose Opfer zu fühlen, und endlich zu „Tätern" im eigenen Leben werden.
> (Marion Buchheister)

Lektionen des Lebens

Manchmal scheint das Leben uns immer wieder vor ähnliche Aufgaben zu stellen, die schon mehrere Male in der Vergangenheit schief gingen und früher oder später dazu verleiten, zu kapitulieren, „die Flinte ins Korn zu werfen". Der Misserfolg löst automatisch eine Art Schneeballeffekt aus, so dass wir nicht nur diese eine missratene aktuelle Situation sehen, sondern auch an vergleichbare aus der Vergangenheit denken und daraus die irrige Schlussfolgerung ableiten, dass es auch in der Zukunft nicht klappen werde. Im Begriff Resignation (Re-signation) steckt, dass wir unsere Unterschrift (Signatur) zurückziehen. Wir lehnen die Verantwortung in dieser oder auch für künftige ähnliche Situationen ab, fallen in Hoffnungslosigkeit, beurteilen unser Leben als sinnlos oder entwickeln gar Depressionen. Im Annehmen der Verantwortung für die erneute Herausforderung könnte man dagegen *durch* diese schwierige Situation weiter reifen, im Austausch mit einer Vertrauensperson herausfinden, welche alternativen Problemlösungen noch möglich wären, welche Lektion im Leben wir noch lernen sollen.

Selbstmitleid ist ein Bumerang

Manchmal tut es der „getretenen" Seele zwar gut, wenn jemand sie eine Weile bedauert, aber letzten Endes haben Mitleid und auch *Selbstmitleid* den negativen Effekt, dass sie zu Lethargie, Vorwürfen an die Mitmenschen, das Schicksal oder Gott sowie zu Neid auf andere führen. Damit entstehen Wut, Bitterkeit und sozialer Rückzug, was insgesamt selbstschädigend ist und früher oder später auch Freundschaften zerstört. Hilfreich indessen ist es, hinzuspüren, was einen verletzt hat, was einem in dieser Situation (tatsächlich!) gut tun könnte, mit wem man sich darüber austauschen möchte und was man – zu einem späteren Zeitpunkt – mit dem Kontrahenten noch klären möchte. *Ver-*

ständnis gegenüber erlittenen seelischen Verletzungen, empfundenem Ärger oder Einsamkeitsgefühlen bei sich selbst oder anderen ist wohltuend und entlastend. Es verschafft häufig schon neue Hoffnung und Motivation.

Zwischenmenschliche Ebene

Eines Sonntags rief mich eine Patientin an. Nach einigen Gesprächsminuten mit dieser suizidalen Frau kristallisierte sich ein Auslöser für ihre Selbstmordabsichten heraus. Es war wieder zu einem Ehestreit gekommen, bei dem ihr die nötigen *Kommunikationshilfen* nicht verfügbar waren, sodass sie den Stress nicht bewältigen konnte. Die Patientin brachte sich weder an diesem Tag noch bis heute um, sondern erarbeitete sich in weiteren Therapiesitzungen bessere Kommunikationsfähigkeiten, die sie bei späteren Partnerschaftskonflikten in befriedigender Weise einbrachte. In künftigen angespannten Gesprächssituationen mit ihrem Mann gelang es ihr zunehmend, ihr Verhalten und ihre Bemerkungen mit ihren jeweiligen Folgen im Voraus zu reflektieren, die Ursachen des Konflikts zu analysieren sowie Vorschläge zur Veränderung zu überlegen. Sie nahm damit aktiv Einfluss auf die Ehesituation. Zudem lernte sie, ihre bis dato noch etwas überschießenden Reaktionen (verbale Angriffe, Türenknallen, ihren Mann schlagen, weglaufen) durch konstruktive innere Dialoge und positive Selbstinstruktionen günstiger zu kanalisieren. So sagte sie sich, sie wolle sich nicht entmutigen lassen oder dass sie es schaffen wird, diesen Konflikt mit ihrem Mann auszutragen. Hierdurch fühlte sie sich dem ganzen Geschehen gegenüber weniger ausgeliefert, sondern kam in die Lage, ihre *Reaktionen* zu *kontrollieren und* dafür *Verantwortung* zu *übernehmen.**

---

* Es scheint insbesondere ein Wesensmerkmal der Frauen zu sein, dass sie sich über alle größeren und kleineren Probleme mit ihrer besten Freundin austauschen, was bei Männern nicht selten auf Unverständnis stößt. In der psychotherapeutischen Arbeit mit männlichen Patienten

Einengung durch Meideverhalten

Meideverhalten engt ein

Hierbei geht es nicht um sinnvolles Delegieren, sondern darum, dass jemand ein Vermeidungsverhalten entwickelt, das seinen Handlungsspielraum und damit eines Tages auch seine Lebensqualität einschränkt. Ganz deutlich findet sich dieses sog. *Meideverhalten* bei Angstpatienten, die z. B. bereit sind, riesige Umwege auf der Urlaubsfahrt nach Italien in Kauf zu nehmen, um nur ja nicht durch einen Tunnel fahren zu müssen. Aber auch Menschen ohne ausgeprägte Angststörung vermeiden manchmal bestimmte Situationen, die sie sich anbahnen sehen. Sie tun dies, weil sie schlechte Erfahrungen bei ähnlichen Angelegenheiten gemacht haben. Sie haben erlebt, dass sie einem Konfliktgespräch nicht gewachsen waren, und sind nun nicht mehr bereit, sich mit ihrem Gegenüber auseinander zu setzen. Vielleicht sind sie

---

fällt mir auf der anderen Seite häufig auf, wie einsam diese sind, wie sie sich mit ihren beruflichen und privaten Problemen allein herumschlagen, weil sie in der Firma oder beim Bier nach dem Sport über Themen wir Börsenkurse, Autos oder berufliche Belange sprechen. Diese Darstellung wirkt vielleicht sehr kategorisch, doch macht sie eine Tatsache deutlich: Frauen finden im Allgemeinen Entlastung für ihre Sorgen, Nöte und Stresserlebnisse, indem sie mit einer Freundin oder Bekannten sprechen, während Männer es oft nicht gelernt haben, sich über persönlichere Themen auszutauschen. Dadurch haben sie keine *Druckentlastung durch soziale Unterstützung*. Sich die Meinung einer Vertrauensperson anzuhören oder sie um Rat zu fragen, ist keine Schande, sondern etwas, das zwischenmenschliche Brücken baut, der eigenen Überforderung und Einsamkeit vorbeugt und damit auch einen protektiven Faktor (Schutzfaktor) gegenüber Lebensmüdigkeit und Verdruss darstellt. Im Gegensatz dazu ist die soziale Abkapselung Gift für das seelische Wohlbefinden und die Lebensfreude. Sozialer Rückzug mag vorübergehend hilfreich sein, wenn man z. B. eine turbulente Woche mit vielen zwischenmenschlichen Begegnungen hinter sich hat oder tagelang auf einer Fortbildung im Austausch mit anderen Menschen stand. Auf die Dauer ist die zwischenmenschliche Abkapselung als Stressbewältigungsmöglichkeit jedoch ungeeignet und selbstschädigend.

schnell beleidigt und haben nicht daran gearbeitet, ihre *Frustrationstoleranz zu erhöhen*. Dies wäre für ihr Leben aber nötig, um mit „zwischenmenschlichen Chemieunfällen" (wenn die „Chemie" zwischen zwei Menschen nicht zusammenpasst) besser zurechtzukommen oder um sich vom Verhalten der Mitmenschen weniger abhängig zu machen, ihnen weniger Macht über die eigene psychische Befindlichkeit zu geben. Stattdessen empfinden solche Menschen einen Impuls wegzulaufen, tun dies teilweise auch oder flüchten sich in Tagträumerei, Videos usw. Es braucht nicht betont zu werden, dass Flucht in diesem Fall weder zu einem persönlichen Wachstum und individueller Reife beiträgt noch ein geeigneter Weg zur Beseitigung zwischenmenschlichen Stresses ist. (Flucht kann allerdings in lebensbedrohlichen Situationen lebensrettend sein, z. B. bei Feuer.)

Eine Redewendung sagt: „Jeder Underdog hat seinen Underdog", womit gemeint ist, dass man seinen Ärger üblicherweise an einen schwächeren Menschen weitergibt, woraufhin dieser dann sein Unbehagen an die nächstschwächere Person leitet. Den meisten Menschen ist nicht bewusst, dass sie damit ihren Teil zur „Hackordnung wie auf dem Hühnerhof" beitragen. Manch einer erlebt sich vielleicht als etwas gereizt, aber sieht nicht, dass er ungerecht und ungehalten ist. Dieser ungünstige *Umgang* mit *Ärger, Wut und Stress* ist auf Dauer jedoch dazu angetan, zum einen sich selbst und zum anderen zwischenmenschliche Beziehungen zu vergiften.

Verhaltensebene

Von Autoaufklebern kennen wir den Spruch: „... man gönnt sich ja sonst nichts"; das bringt manche Menschen dazu, sich noch ein zweites Stück Kuchen zu bestellen, den teuren Rock in der Boutique gegen die mahnende innere Stimme doch zu kaufen usw. Ein Körnchen Wahrheit ist hinter diesem Werbeslogan sicherlich zu finden, denn manchmal kann es tatsächlich gut tun, *sich* ein bisschen zu *verwöhnen*. Dies gilt umso mehr für Menschen, die dazu neigen, mit anderen großzügig umzugehen und sich selbst zu kasteien. Die lang ersehnte Wunscherfüllung oder der aufmunternde Fernsehfilm können eine kompensierende Wirkung haben, d. h. über die erlebte Alltagsenttäuschung hinwegtrösten oder den Ärger mit dem Mitarbeiter ein wenig ausgleichen. Den meisten Erwachsenen in den sog. zivilisierten Ländern ist die Fähigkeit abhanden geraten, sich selbst ein wenig zu bemuttern oder zu trösten, wie es früher die Mutter tat oder aber unsere „innere Mutter" es mit unserem „inneren Kind" tun sollte. Aber dies ist kein Plädoyer für Kuchenschlachten oder Hamsterkäufe aus erlebter Frustration heraus und auch nicht dafür, zu klärende Missverständnisse oder Irrtümer unter den Teppich zu kehren.

Last not least brauchen wir Menschen neben dem Schlaf und der Entspannung nachts auch über Tag immer wieder individuelle *Oasen*, in denen wir für unseren Körper, unsere Seele und unseren Geist auftanken können. So unterschiedlich Menschen in der Befriedigung ihrer Bedürfnisse nach Essen und Trinken, aber auch bei der Gestaltung ihres Urlaubs oder ihrer Freizeit sind, ist auch die Vorstellung darüber unterschiedlich, wie man sich zwischendurch über Tag oder am Wochenende entspannen könnte.

Minimale Interventionen mit hoffentlich mehr als nur minimaler Wirkung

Im Folgenden möchte ich für den Umgang mit suizidgefährdeten Menschen einige Impulse geben, die ich mir wie eine Art *Erste-Hilfe-Kasten* im Auto vorstelle. Wenn wir zu einem Verkehrsunfall kommen, schauen wir ja nach Absicherung der Unfallstelle auch zunächst, ob es genügt, dass wir mit unseren Bordmitteln helfen, oder ob eine Rettungsmannschaft nötig ist. In Analogie zu unseren Sofortmaßnahmen beim Unfall möchte ich die folgenden psychologischen Interventionen auch verstanden wissen, also als ersten Schritt zur Hilfe, der möglicherweise weitere nach sich ziehen wird und *keinesfalls* ein *Allheilmittel* darstellt. Die Auswahl an Hilfsmitteln ist weder vollständig, noch die Reihenfolge wie ein Kochrezept aufeinander folgend anzuwenden.

Sich umzubringen bedeutet ja immer ein eigenmächtiges Eingreifen in einen Prozess des natürlichen Entstehens und Vergehens. In unserer gefallenen Schöpfung ist der Tod also etwas Natürliches und stellt sich wie von selbst ein, wenn die biologische Uhr abgelaufen ist. Wie gesagt, fühlen die meisten suizidalen Menschen sich leer und als sei ihr Reservetank auch schon angezapft. Wenn wir den Vergleich zu einem leer gefahrenen Auto heranziehen, würden wir sagen, es braucht neuen Treibstoff, und niemand käme auf die Idee, es deshalb zu verschrotten. Ein Selbstmord am Punkt der inneren Leere, der Sinnlosigkeit und Verzweiflung käme einer Verschrottung gleich. Wir können daher auf dieser Ebene einsteigen, denn unser Gesprächspartner hat ja neben all dem, was er nicht mehr will, immerhin noch ein Ziel, wenn auch ein selbstzerstörerisches: Er will sein Leben beenden. Manchmal braucht es eine Portion Mut, um *nachzufragen*, wie er sich denn vorstellt, sein Leben auszulöschen, für wann und wo er sich das vorgenommen hat. Mit solch einer Frage nehmen wir die suizidgefährdete Person wahr und ernst. Wir respektieren damit auch ihr Erleben und ihre Pläne als ihre Wahrheit, ihre Realität. Insbesondere für fromme Menschen kann dies bedeuten, dass sie sich entlastet und ernst genommen fühlen, wenn sie für ihre Selbstmordabsichten nicht verurteilt werden.

Es ist zwar eine Tatsache: Wenn jemand sich umbringen will, findet er einen Weg – und sei es, dass er sich mit dem Bademantelgürtel am Heizungsrohr auf dem WC der Station für Psychotherapie im Krankenhaus erhängt ... Doch malen wir nicht den Teufel an die Wand – es gibt glücklicherweise viele Menschen, die von ihren Selbstmordgedanken oder -absichten abzubringen sind, die auf hilfreiche Worte ansprechen. Hier ist es dann eine unserer Aufgaben, ihnen dabei zu helfen, dass sie einen besseren Umgang mit den Stolpersteinen auf ihrem Lebensweg lernen.

> Mit Steinen, die dir in den Weg gelegt werden, kannst du auch etwas Schönes bauen. (Verf. unbek.)

■ Das schwarze Bermuda-Dreieck aus „Ich – die Umwelt – die Zukunft"

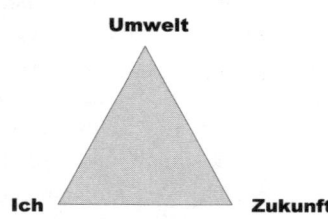

Depressive Denkmuster und Verhaltensweisen

Wie wir gesehen haben, finden sich bei Menschen, die sich umzubringen beabsichtigen, zumeist (auch) *depressive Denk- und Verhaltensweisen.* Typischerweise blicken depressive Menschen sowohl auf ihre eigene Person als auch auf die Umwelt (einschließlich ihrer Mitmenschen) sowie auf die Zukunft durch eine Brille mit dunkelgrauen bis schwarzen Gläsern. Der alte griechische Philosoph Epiktet bemerkte sehr richtig: „Es sind nicht die Dinge, die uns beunruhigen, sondern die Gedanken, die wir uns darüber machen." Im

Bewertungen und Interpretationen

menschlichen Gehirn laufen den ganzen Tag Bewertungen und *Interpretationen* dessen ab, was über die verschiedenen Sinneskanäle wahrgenommen wird. Nur ein kleiner Bruchteil dieser Bewertungen ist uns allerdings bewusst. Mit etwas Selbstaufmerksamkeit und Übung können wir uns diese mehr oder weniger automatisch ablaufenden Interpretationen allerdings bewusst machen.

Dieser Ablauf von Gedanken und Bewertungen ist ein günstiger Interventionspunkt in der Arbeit mit Patienten unterschiedlicher Störungsbilder, so auch bei potenziellen Selbstmördern. In Äußerungen wie: „Das wird sowieso nie besser" steckt die momentane Zukunftsperspektive des Ratsuchenden. Wenn er fortfährt, dass er seine Frau auf den Mond schießen könnte, sagt uns das etwas über die Beziehung zu seinen Mitmenschen, hier zu seiner (Haupt-)Bezugsperson. Möglicherweise gesellt sich noch ein selbstabwertender Ausspruch dazu, der Aufschluss über das derzeitige Selbstbild der Person gibt, beispielsweise: „Ich bin sowieso zu allem zu blöd!" Diese Wertlosigkeitsgedanken sind mehr als momentane Spontanäußerungen, machen sie doch vielmehr ein System von inneren Überzeugungen aus.

Es gilt zunächst, die Eigenart dieser Bewertungen des Patienten ausreichend zu erkennen, um aus einer Vielzahl *automatischer selbstentwertender Äußerungen* beispielsweise abzuleiten, dass der Patient wohl jemand sei, der sich als Ausgestoßener oder Missverstandener empfindet. So eine Vermutung (Hypothese) sollte natürlich nicht übergestülpt werden. Sie sollte uns helfen, uns in den Patienten einzudenken und einzufühlen, eine therapeutische Beziehung aufzubauen oder auch zu vertiefen. Auch wenn der Patient vom Helfer mehr oder weniger abhängig ist, bleibt er ein dem Helfer ebenbürtiger Mensch, dem mit Würde und Wertschätzung, nicht aber mit vermeintlicher Allwissenheit und Bevormundung zu begegnen ist.

Automatische selbstabwertende Äußerungen

■ Persönlich nehmen:
Die meisten Menschen kennen Situationen, in denen sie eine negative Äußerung oder einen unfreundlichen Blick eines Mitmenschen auf sich persönlich beziehen. Bei suizidalen Menschen ist diese Tendenz meistens sehr ausgeprägt – hierzu ein Beispiel: Ein suizidgefährdeter Mensch denkt, dass sein Nachbar, der ihn morgens im Bus nicht grüßte,

ihn ablehnt. Eine alternative Interpretation des Verhaltens könnte sein, dass der Nachbar einfach einen schlechten Tag hat oder in Gedanken war. Die Aufgabe eines Helfers ist in diesem Fall, die Tendenz des Persönlichnehmens aufzuzeigen und mit dem Ratsuchenden zu modifizieren.

■ Prüfung an der Realität:
Vielfach halten negative automatische Gedanken der Realität nicht stand. So könnte es vorkommen, dass der Ratsuchende sein Telefon ausgeschaltet hatte oder ein technischer Defekt zugrunde lag, wodurch ein erwarteter Anruf ihn nicht erreichte. Vielleicht steckte der Anrufer auch im Stau und rief erst später an, als der Ratsuchende aber bereits das Haus verlassen hatte. An diesem Beispiel wird die Notwendigkeit deutlich, vorschnelle negative Interpretationen von Beobachtungen oder Erfahrungen zu reflektieren.

■ Erkennen der Konsequenzen des eigenen Verhaltens:
An der Alltagsweisheit „Wie man in den Wald hineinruft, hallt es heraus" ist tatsächlich etwas Wahres dran. Wenn ein Mensch mit mürrischem Gesicht durch die Firma geht, ist es nicht auszuschließen, dass seine Kollegen ihn meiden oder nur kurz grüßen. Dem Ratsuchenden könnten mithilfe der Analyse solcher alltäglichen Situationen die Konsequenzen seines Verhaltens aufgezeigt werden, sodass er lernt, diese in Gedanken vorwegzunehmen. Indem er daran arbeitet, kann er seine soziale Isolation etwas abbauen bzw. ihr vorbeugen.

■ Muss und darf nicht:
Vielfach finden sich bei depressiven und selbstmordgefährdeten Patienten rigide Vorstellungen darüber, was sie selbst oder die Mitmenschen unbedingt müssten oder keinesfalls dürften bzw. sollten. In einem Wortspiel sprechen manche Psychotherapeuten hier von „Muss-turbationen". Jemand könnte sagen: „Die Leute im Kaufhaus müssen endlich mal

rücksichtsvoller werden" oder „Diese unverschämten Jugendlichen sollen nicht immer ihre leeren Bierdosen auf die Straße werfen." Typisch ist auch: „Ich muss diese Woche unbedingt eine Wohnung finden, sonst hab ich zu gar nichts mehr Lust." Hinter solchen „muss-turbatorischen" Gedanken stecken üblicherweise Einstellungen wie:

Perfektionismus bei sich und/oder anderen, womit Erwartungen an ein Höchstmaß von Rücksichtnahme oder auch überdurchschnittliche Leistungen gemeint sind.

Perfektionismus

Sofortige Lustbefriedigung mit *unzureichender Frustrationstoleranz*, die keinen Aufschub der Befriedigung zulässt. Jemand mit so einer Erwartungshaltung wirkt manchmal wie ein kleines Kind im Trotzalter, das sich wütend auf den Fußboden des Supermarkts wirft, weil es das gewünschte Eis nicht erhält.

Wenn wir auf solche irrationalen, d. h. etwas unreif oder unvernünftig wirkenden Haltungen treffen, sollten wir als Helfer nicht mit Kritik oder erhobenem Zeigefinger reagieren, sondern mit dem Ratsuchenden prüfen, ob seine Gedanken realistisch und hilfreich sind (vertiefende Literatur zu Kognitiven Therapien: Beck und Ellis).

Geringe Frustrationstoleranz

■ Immer, nie und alle ... – Hoffnungskiller Nummer eins: Wenn man mit depressiven und gar suizidgefährdeten Menschen spricht, kann man beobachten, dass sich viele der Schwierigkeiten in ihrem Leben auf die Vergangenheit beziehen. Patienten formulieren ihre Probleme dabei häufig so, dass es sich anhört, als würde das Problem auch in Zukunft weiterbestehen. Jemand könnte beispielsweise sagen: „Ach, ich hab oft so viel Stress mit meiner Mutter ..." Um Verständnis zu kommunizieren und einen Funken Hoffnung auf Veränderung zu vermitteln, könnten wir diesen Satz mit dem kleinen Zusatz *„bisher"* oder „in der Vergangenheit" versehen. Hiermit sind wir zugleich etwas genauer in der Problemschilderung als der Ratsuchende, denn man kann zum einen aus der Vergangenheit nicht notwendigerweise auf die Zukunft schließen und man will ja gemeinsam für die jeweilige Problematik eine Lösung, eine Veränderungsmöglichkeit oder einen Weg der Heilung suchen.

So paradox es klingen mag, stimmt es doch: Das Wörtchen „immer" stimmt im Zusammenhang mit einem Symptom nie! Und sage niemals „nie"!

In der Arbeit mit Suizidgefährdeten können einem Äußerungen begegnen wie: „Ich wollte noch nie leben", „Ich bin immer so depressiv", „Ich habe immer Pech im Leben". Hinter diesen Absolut-Aussagen verbirgt sich in den meisten Fällen ein großer Leidensdruck und wahrscheinlich eine ganze Reihe vergeblicher Versuche, etwas am Problem zu ändern. Somit gibt dieses „immer" uns als Helfer zunächst einmal Aufschluss über die Intensität der Verzweiflung oder der Belastung. Bei näherer Analyse sollte es darum gehen, dem Patienten zu vermitteln, dass kein Streit immer andauert, kein Stress Tag und Nacht an sieben Tagen der Woche vorkommt und auch Depressionen Tagesschwankungen unterliegen, also z. B. morgens stärker als abends oder am Wochenende intensiver als unter der Woche erlebt werden. Das Wörtchen „immer" legt zum einen die Fehlannahme nahe, dass ein Symptom bis zum Lebensende fortbestehen werde, weil es ja in der Vergangenheit immer da war; zum anderen vergrößert es das tatsächliche Problem. Es geht nun keinesfalls darum, den Patienten nicht ernst zu nehmen oder sein Problem zu bagatellisieren, sondern darum, das überdimensionierte Problem auf eine handhabbare (tatsächliche!) Größe zu reduzieren und zusammen mit dem Ratsuchenden Lösungsmöglichkeiten zu überlegen.

Als Helfer können wir also versuchen, den Fokus von den Problemen und Symptomen, Unfähigkeiten und Schwächen ein wenig abzuwenden, sodass der Patient sich ermutigt fühlt, Möglichkeiten und Chancen zu suchen. Sobald wir ihn mit (noch so gut gemeinter!) „Psycho-Technik" ohne Feingefühl erdrücken, erreichen wir möglicherweise das Gegenteil dessen, was wir eigentlich beabsichtigen.

Situationsangemessen können wir dem Ratsuchenden einen *Perspektivenwechsel* anbieten, um ihm Hoffnung auf Veränderung und persönliches Wachstum zu machen, d. h.:

Perspektivenwechsel

- Probleme verlangen nach einer – noch nicht gefundenen – Lösung
- Krisen beinhalten eine – noch nicht sichtbare – Chance
- Blockaden rufen nach – noch nicht entdeckten – Strategien und Wegen
- Schlechte Eigenschaften oder Unfähigkeiten sind – noch nicht – überwunden
- Zu persönlichen Grenzen gibt es – noch kein – Ja.

**Probleme
Symptome
Unfähigkeit** 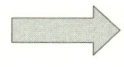 **Lösung
Veränderung**

- Ein Blick in die Zukunft:

Nachdem wir einige Hoffnungskiller beleuchtet und modifiziert haben, sollten wir uns noch weitere Saatkörner für neue *Hoffnung* ansehen, um nicht bei Zustandsbeschreibungen suizidaler Patienten stehen zu bleiben. Wir Menschen dürfen in grauen Zeiten des Lebens von besseren Zeiten träumen, denn bekanntlich folgt auf jedes enge dunkle Tal auch wieder eine Anhöhe mit mehr Licht und Ausblick. Viele große Taten begannen mit einem Traum, mit Fantasien und hoffnungsvollen Gedanken. Aus der Hypnotherapie weiß man, dass das menschliche Gehirn sich leichter darauf einlässt, eine gedankliche Reise in die Zukunft anzutreten, wenn man ihm z. B. folgende Botschaft gibt: „*Angenommen*, Sie wären frei von Selbstmordgedanken und es wäre schon nächster Sommer …" Diese leichte Suggestion hat nichts mit Hypnose zu tun, wie man sie vielleicht aus Fernsehshows oder Après-Ski-Bars kennt, sondern sie ermöglicht, das übliche Denken des Menschen für eine Weile beiseite

Hoffnung

Angenommen, Sie wären …

zu schieben, um seine schlummernden Träume zu aktivieren. Es ist hilfreich, die Zukunft im Erleben möglichst zeitnah wahrzunehmen, sodass die Fragen an die Zukunft in der Gegenwart formuliert werden sollten. Sie könnten lauten:

„Angenommen, Sie wären nicht mehr lebensmüde . . .

. . . wie fühlen Sie sich?"

. . . was tun Sie in Ihrer Freizeit?"

. . . was unternehmen Sie dann mit Ihren Freunden?"

. . . wie gehen Sie auf neue Menschen zu?"

. . . wie kleiden Sie sich?"

. . . wie gehen Sie mit Ihrem Mann / Ihrer Frau um?"

. . . wohin fahren Sie in Urlaub?"

Üblicherweise fließen bei diesen Vorstellungen positive Erfahrungen und Erlebnisse des Patienten und bislang unerfüllte Wünsche mit ein, wodurch der Tunnelblick geweitet werden kann. Wie bei allen gegenwarts- und zukunftsgerichteten Interventionen gilt auch hier, dass zuvor gründlich geschaut werden muss, wie es zur Suizidalität kommen konnte. Manchmal neigen wir Helfer aus eigener Hilflosigkeit dazu, über Selbstmordäußerungen vorschnell hinwegzugehen. Damit würde sich der Suizidant jedoch unverstanden und nicht ernst genommen fühlen.

■ Die Macht unserer Denkgewohnheiten:

Es ist eine Tatsache, dass wir Menschen mit unserem hoch entwickelten Gehirn die Fähigkeit haben zu denken, zu planen, vorausschauend zu überlegen, uns zu erinnern usw. Nicht umsonst heißt es, dass, wo viel Licht ist, auch viel Schatten ist. Damit meine ich die Kehrseite der Medaille der intellektuellen menschlichen Fähigkeiten, nämlich dass wir uns auch selbst in positive oder auch maximal negative Gefühlslagen manövrieren können. Hiermit eröffnen sich Chancen, auf das eigene Befinden guten Einfluss zu nehmen; aber je nach Lebensumständen und Anforderungen stoßen wir auch an Grenzen der eigenen Möglichkeiten.

Wir können uns nicht wie Münchhausen selbst aus dem

Sumpf ziehen. Uns gerät die Fähigkeit dann abhanden, zuversichtlich zu sagen: „Wahrscheinlich schaffe ich es morgen früh, gleich nach dem Weckerklingeln aufzustehen." Stattdessen machen sich Gedanken wie ein verzweifeltes „Sicherlich finde ich morgen auch keinen Job" breit. Als Helfer sollten wir eben nicht über diese Nuancen in der Formulierung hinweghören und sie als individuellen Stil akzeptieren. Vielmehr sollten wir versuchen, die derzeit brachliegenden Hoffnungen und Wünsche zu wecken

---

Übung zum Einfluss der Gedanken auf die Gefühle
Versuchen Sie es doch selbst einmal, welche Gefühle es in Ihnen auslöst, wenn Sie an eine Alltagssituation denken, die Sie unter dem Motto „Hoffentlich nichts Schlimmes" angehen, z. B. „Hoffentlich wird das morgen nicht wieder so ein erfolgloser Tag." Welche Gefühle stellen sich bei Ihnen ein? Verlieren Sie die Motivation und den Mut, entsteht Resignation oder Hilflosigkeit? Verändern Sie Ihre Gedanken nun dahingehend, dass daraus ein *Hoffentlich-Gutes-Stil* entsteht, z. B. „Hoffentlich wird es morgen ein guter Tag" Welche Gefühle regen sich jetzt in Ihnen? Sie werden merken, es macht ein anderes Gefühl. Wir haben mit unserer Entscheidung, ob wir Gutes oder Schlechtes denken, eine Möglichkeit der Einflussnahme auf unsere Gefühle.

■ WWW – Was, Wie und Wann:
Konkrete W-Fragen helfen weiter. Es ist in Therapiegesprächen manchmal genauso heikel, ein Thema anzusprechen, wie in angespannten Alltagsbeziehungen, in denen ein Problem vor sich hinschwelt und schon längst hätte geklärt werden sollen. Wir bekommen dann dieses berühmte mulmige Gefühl im Bauch. Daher stehen wir innerlich mit einem Fuß auf der Bremse und mit dem anderen auf dem Gaspedal, flüchten uns in schwammige Formulierungen und bekommen darauf eine entsprechend wenig hilfreiche Antwort.

Auf den Umgang mit Suizidgefährdeten bezogen könnte es sein, dass wir uns als Helfer im letzten Gespräch ziemlich hilflos vorkamen und diese Erfahrung nicht schon wieder machen möchten. In dieser Unsicherheit eröffnen wir vielleicht das Gespräch: „Ich frage mich, ob Sie wohl inzwischen wieder lieber leben mögen." Je nach Befindlichkeit des Patienten könnte schlimmstenfalls ein ganz spontanes „Nein" kommen, womit unser Selbstwertgefühl als Helfer einer größeren Erschütterung ausgesetzt und sich die Gesprächssituation verschlechtern würde. *Unklare Interventionen fördern die Nein-Haltung des Patienten*, was die Wahrscheinlichkeit für das nächste Nein auf die folgende Frage erhöht. Oftmals fährt jemand auf seiner begonnenen Nein-Schiene weiter, selbst wenn die wahre Antwort des Ratsuchenden auf die folgende Frage ein Ja wäre. Die endgültige Sackgasse wäre dann erreicht, wenn der Patient sich am Ende mehrerer Neins in größter Hoffnungslosigkeit befände und durch unsere zunehmende Sprachlosigkeit als Helfer den Eindruck bekäme, tatsächlich ein hoffnungsloser Fall zu sein. Diese Kommunikationsfalle lässt sich umschiffen, **Konkrete** indem man sich der *konkreten W-Fragen* bedient. Es sind **W-Fragen** die gleichen Fragepronomen, wie man sie im Erste-Hilfe-Kurs gelernt hat, wenn man korrekte Angaben bei der Polizei über einen Unfall machen will. Wenn uns die derzeitige Suizidalität eines Patienten am Herzen liegt, würde folgende Frage weiterhelfen: „Ich wüsste gerne, welche Gedanken Sie sich inzwischen über den Sinn Ihres Lebens gemacht haben."

„Mich interessiert, was Sie an Veränderungen bei Ihren Selbstmordgedanken feststellen konnten."

„Erzählen Sie doch einmal, welche Möglichkeiten Sie sich noch überlegt haben ..."

Durch diese W-Fragen wird der Aufmerksamkeitsfokus des Patienten auf Besserungen und weitere Handlungsmöglichkeiten gerichtet.

■ Hellgrautöne:

Menschen mit Suizidgedanken haben häufig die Wahrnehmung, dass die letzten Tage oder gar Wochen bis Monate alle gleichermaßen schlecht, dunkel und hoffnungslos waren. Es wäre also völlig unangebracht, mit dem Suizidgefährdeten zu rechten, dass doch dieses oder jenes in seinem Leben ein großer Erfolg sei. Damit würden wir ihn in eine Verteidigungsstellung und in einen Machtkampf treiben. Weiterführend und zur Wahrnehmung der feinen Nuancen von Hellgrautönen in allem schwarz Erscheinenden könnte zunächst die Frage sein: „Wann war es in den letzten Tagen *ein bisschen besser?*"

„Ein bisschen besser…"

■ Ressourcenorientierung:

Der Mensch ist in der Lage, die *Lösungen früherer Probleme* auf vergleichbare aktuelle Schwierigkeiten zu übertragen. In Zeiten depressiver Verstimmungen oder gar Selbstmordgefährdung ist uns diese Fähigkeit des Transfers jedoch abhanden gekommen. Es braucht dann Impulse von außen, um sich daran zu erinnern, dass das eigene Potenzial im Umgang mit Hindernissen an sich vorhanden, jedoch derzeit verschüttet ist.

Lösungen früherer Probleme

Ein ressourcenorientierter Helfer fragt:

- „Was haben Sie früher in einer vergleichbaren Situation gemacht, um die Krise zu bewältigen?"
- „Welche Fähigkeiten haben Sie beim letzten Mal eingesetzt, als es mit Ihrem Chef so schwierig war?"
- „Ist Ihnen bewusst, dass Sie eine enorme Ausdauer und Zähigkeit haben? Wie könnten Sie es damit auch dieses Mal schaffen?"
- „Wie ist es Ihnen in Ihrem letzten dunklen Loch gelungen, wieder herauszukommen?"
- „Wer hat Ihnen beim letzten Mal geholfen … z. B. den Umzug zu bewältigen, einen neuen Job zu finden?"

Diese Fragen sind wie einzelne kleine Steinchen in einem großen Mosaik zu verstehen. Sie können an passender

Stelle eingesetzt dazu beitragen, dass ein selbstmordgefährdeter Mensch, der sich als unfähig in der Bewältigung seiner Alltagsprobleme empfindet, wieder Handlungskompetenzen entdeckt und einsetzt. Teilerfolge führen bekanntlich dazu, dass die Motivation, auch nächste Schritte zu tun, weitere Schwierigkeiten anzupacken, wächst. Erfolge und Motivation begünstigen sich gegenseitig und erhöhen die Einschätzung der eigenen Selbstwirksamkeit. Hierunter wird das Vertrauen verstanden, das ein Mensch in die eigenen Handlungs- und Veränderungsmöglichkeiten hat.

■ Wie lösen denn andere Menschen solche Probleme?
Manchmal hilft es, den Blick von der eigenen derzeit erlebten Unfähigkeit des Ratsuchenden wegzulenken, indem man ihm als kleine Hausaufgabe mitgibt, zu beobachten, wie andere Menschen in vergleichbaren Situationen zu einer Veränderung oder Lösung des Problems kommen. Eine wichtige Art und Weise zu lernen besteht darin, das Verhalten eines Vorbilds gleichermaßen oder in abgewandelter Form zu **Lernen am Modell** übernehmen. Ein Beispiel für das *Lernen am Modell* sind Kinder, wenn sie beobachten, wie die Mutter telefoniert und es dann auch ausprobieren wollen. Ein erwachsener Mensch, dessen Suizidalität vielleicht darin mitbegründet liegt, dass er seinen Job verloren und durch das Arbeitsamt noch kein gutes Angebot bekommen hat, könnte sich überlegen, wie andere Arbeitslose an eine neue Arbeitsstelle geraten sind. Er könnte darüber nachdenken, wer in seinem Bekanntenkreis schon einmal arbeitslos war, und diesen danach fragen, was er damals unternommen hätte.

■ Zulassen der Gefühle vor Veränderungen:
Jede Situation, die die Botschaft beinhaltet „es geht nicht", lässt sich umformulieren in:
- „Es geht so nicht."
- „Es geht noch nicht."
- „So geht es noch nicht – wie geht es dann?"

Normalerweise bringen uns diese veränderten Frageformen weiter, weil sich dadurch alternative Lösungsmöglichkeiten finden lassen. Entmutigten Menschen fehlt für die weitere Suche allerdings die Energie. Wenn ein Suizidgefährdeter erlebt, dass er seine Probleme nicht lösen kann, kommt er sich u. U. hilflos oder bevormundet vor und äußert Wut. Er hat den Eindruck, als hätte er keinerlei Möglichkeiten zur Gestaltung seines Lebens, als würden andere Menschen oder Umstände sein Leben von außen steuern. Wie wir bei den Hintergründen des Suizids gesehen haben, gibt es neben biologisch-psychischen Komponenten (z. B. Psychosen, Sucht) als Auslöser von Selbstmordgedanken, -impulsen und -handlungen auch Life Events, die einschneidende Lebensveränderungen bedeuten. Wenn jemand seinen Arbeitsplatz oder einen nahe stehenden Menschen verliert oder ohne eigenes Verschulden unfallbedingt querschnittsgelähmt wird, entstehen starke Gefühle von Ohnmacht, Angst und Wut aufgrund der erfahrenen Benachteiligung und Ungerechtigkeit. Diese Gedanken, Empfindungen und **Gefühle** *Gefühle* sind in solchen Situationen ganz menschlich und **wahrnehmen** normal. Sie sollten unbedingt wahrgenommen und zugelassen werden *vor* jedem Versuch der Neuausrichtung auf die Zukunft. Erst dann können Veränderungsmöglichkeiten und all das Gute, das im bisherigen Leben schließlich auch vorkam, wieder gesehen werden. Ein vorschneller Übergang zur Tagesordnung ist geradezu kontraindiziert, wenn die o. g. Gefühle noch nicht beachtet und verarbeitet wurden.

■ Ein Ventil für die Gefühle:

Selbstmord hat ja immer etwas damit zu tun, dass jemand **Gefühle aus-** Wut, Hass, Rache und Impulse der Zerstörung gegen sich **sprechen** richtet. Bei näherer Betrachtung gilt der Großteil dieser Gefühle und Impulse jedoch dem „Täter", also der Person, die dazu beigetragen hat, dass jemand letztendlich zu Selbstmordfantasien kommt. Vor aller Ressourcenaktivierung und vielleicht auch der Entscheidung, demjenigen, der zur derzeitigen leidvollen Situation beigetragen hat, zu verzeihen, darf und sollte sogar als Maßnahme der „Psychohygiene" ungeschminkt ausgesprochen werden, was an Gefühlen und Gedanken belastet. Dieses Benennen hat häufig schon den Effekt, dass etwas abfließen kann, wo vorher ein dicker Kloß im Hals steckte. Der Volksmund spricht sehr treffend davon, dass jemandem etwas auf der Seele liegt. Dadurch werden klare Gedanken blockiert und psychische Energien gebunden.

■ Nicht, kein und gar nicht ..., sondern?

Patienten werden im Erstgespräch üblicherweise nach ihren Therapiezielen gefragt, also danach, was sie sich in ihrem Leben an Veränderung vorstellen und wobei sie sich fachliche Unterstützung wünschen. Zumeist erhalte ich dann Antworten wie „Ich will nicht mehr so depressiv sein" oder „Ich will mich nicht mehr so oft mit meiner Frau streiten" oder „Ich will nicht jeden Tag diese Fressanfälle bekommen". Diese Antworten haben gemeinsam, dass sie negative Formulierungen beinhalten. Wir können einen Menschen, der sagt, dass er nicht mehr leben will, fragen, was er *denn* möchte. Vielleicht denken Sie jetzt, na, ist doch klar, sterben will er. Aber das ist ein vorschnelles und nur scheinbares Verstehen der Motivation des Suizidgefährdeten. Nicht selten können wir auf die Aussage: „Aha, Sie wollen nicht mehr leben, sondern was?" hören: „Ich will meine Ruhe vor diesem Chef haben" oder „Ich will diese anstrengende Sucht los sein". An diesem Wendepunkt gibt es Anlass zur *Hoffnung auf Veränderung*, auf eine bessere Lösung, als der Freitod es wäre. Das Zauberwort bei „nicht", „kein" und „gar nicht" lautet also: „sondern". Wenn wir ein Ziel kennen und benennen, wissen wir, wo wir ankommen möchten, und können uns einen Reiseplan ersinnen. „Sondern" lässt sich auch bei Veränderungen der Vergangenheit, vielleicht der jüngsten Vergangenheit seit dem letzten Gespräch mit dem Suizidgefährdeten, anwenden. Möglicherweise berichtet er:

Hoffnung auf Veränderung

94

„... letzte Woche habe ich gar nicht mehr so oft daran gedacht, mich umzubringen ...", worauf die Zauberfrage sein
könnte: „Sondern woran haben Sie stattdessen gedacht ...?"
Das mit freundlichem Interesse gefragte Wörtchen „sondern" kann also der Türöffner für einen positiven Gesprächsverlauf sein. Dabei können Ausnahmen von der Regel deutlich werden, hier: Ausnahmen von den Suizidgedanken
aufgedeckt und genutzt werden. „Sondern" an passender
Stelle angewandt, kann als ein Same der Hoffnung auf weitere Ausnahmen und auch künftige gute Erfahrungen dienen.

■ „Meine Mutter, die ihre Tante ..." – Sprich die Sprache
  des Suizidgefährdeten!

Wir haben es nicht immer mit Dialektschwierigkeiten zu
tun, wenn es um die gleiche oder eine andere Sprache geht.
Vielleicht spricht unser Gegenüber die gleiche Mundart, **Verständnis**
aber ist vor Wut einfach in den Gassenjargon abgerutscht
oder hat ein besonders ruhiges oder auch heftiges Tempera-
ment. Es mag sein, dass wir in beschwichtigender Absicht
mit unseren eigenen gemäßigten Worten wiederholen, was
der andere gesagt hat, und er sich dadurch einfach nicht verstanden fühlt. Wenn ein Mensch mit großer Intensität berichtet, wie er sich fühlt, wie es in seiner derzeitigen höchst
dramatischen Innenwelt aussieht, sollten wir ihn auch dort
abholen. Dazu ein Beispiel:
    Patient: „Stellen Sie sich diese Schweinerei vor, wie

95

mein verrückter Chef mich neulich angepflaumt hat." Möglicherweise kommt uns diese Formulierung reichlich übertrieben vor, und wir wollen unseren aufgebrachten Ratsuchenden besänftigen, indem wir vielleicht sagen: „Ah ja, Sie sind etwas sauer, weil Ihr Chef neulich unfreundlich mit Ihnen war?!" Hiermit würden wir sehr wahrscheinlich erreichen, dass eine Kluft zwischen uns und dem Gesprächspartner aufkommt, weil er meint, dass wir uns nicht in sein Erleben und seine Erfahrungen einfühlen könnten. Manchmal braucht es etwas Überwindung, um die Sprache des anderen anzunehmen und – vorübergehend – in seinen Schuhen zu laufen.

Übung zum Übertreiben und Untertreiben

Wenn Sie mögen, probieren Sie es doch einmal im Alltagsgespräch aus, wie es sich anfühlt, wenn Sie beispielsweise mit Übertreibungen sprechen, wo Sie sonst im moderaten Mittelfeld formulieren. Oder untertreiben Sie bei Äußerungen, die Sie an sich dramatischer gemacht hätten. Sie können auf diese Art besser in einen inneren Kontakt kommen Menschen mit, die in gewisser Weise nicht Ihre Sprache sprechen. Exemplarisch könnten Sie sagen: „Ich werde darüber mal ein bisschen nachdenken" oder eben: „Darüber muss ich mir unbedingt gründlich Gedanken machen". Werden Sie flexibel im Umschalten zwischen Über- und Untertreibungen und fördern Sie so zugleich das gegenseitige Verstehen.

■ Wenn die Bordmittel nicht genügen:

Es gehört zum Umgang mit suizidalen Menschen dazu, dass man ihr Herz nicht immer erreicht und dass die ambulanten Hilfsangebote nicht ausreichen. All diese Mini-Interventionen sollen – genauso wie ein gut sortierter Werkzeugkasten zu Hause beim Heimwerken – erste Hilfsmöglichkeiten anbieten im Umgang mit Selbstmordgefährdeten. Unsere Heimwerkerbox ist ja keinesfalls dazu angetan, bei Feuerausbruch das Haus zu löschen oder beim Rohrbruch die Wand aufzustemmen und ein Ersatzrohr einzusetzen. Wie es in solchen Fällen die Feuerwehr oder den Klempner braucht, ist auch im Umgang mit Suizidgefährdeten notfalls ein Psychiater, die Polizei oder eine Klinik einzuschalten. Dann nämlich, wenn wir den Eindruck haben, dass unsere Bordmittel unzureichend sind. Niemand schämt sich, im Brandfall die Feuerwehr zu holen oder beim Rohrbruch den Installateur anzurufen. So sollten wir auch keine Hemmungen haben, den Suizidgefährdeten zu fragen, wie weit er uns garantieren kann, dass er sich nichts antut, und ihn ggf. zu seinem Schutz und zu unserer Entlastung in *fachärztliche Behandlung* bringen.

Fachliche Behandlung

> „Man sieht nur mit dem Herzen gut. Das Wesentliche ist für die Augen unsichtbar."
> (Antoine de Saint-Exupéry)

Sollte ein Klinikaufenthalt nötig werden, bedeutet dieser keinesfalls die Endstation für den Patienten oder dass unser Mühen nicht gefruchtet hätte. Möglicherweise waren die o. g. Maßnahmen sogar ein lebenserhaltender Faktor für den Patienten, der sich ohne unsere Hilfe vielleicht tatsächlich umgebracht hätte. Stellen wir also unser Licht nicht unter den Scheffel, wenn wir „nur" dazu beitragen konnten, dass jemand in eine psychiatrische Klinik gebracht wurde – immerhin statt sich umzubringen! Nach jedem Klinikaufenthalt geht das Leben draußen weiter, und vielfach ist dann eine *geschulte Kontaktperson* nötig, zu der der Betroffene Vertrauen hat, weil sie ihn zuvor in die Klinik begleitet hat. Jetzt kann es darum gehen, den aus der Klinik Entlassenen darin zu unterstützen, sich wieder im Alltag einzuleben, und vielleicht sogar einem neuerlichen Abrutschen in Depressivität mit folgender Suizidalität vorzubeugen. Zudem braucht ein Patient *in* der Klinik auch Kontakt zu mitfühlenden Menschen aus seinem vertrauten Umfeld. Rufen wir uns an die-

Geschulte Kontaktperson

ser Stelle noch einmal ins Gedächtnis, dass sich allein in Deutschland stündlich 1,5 Menschen umbringen und fünf bis acht es in diesem Zeitraum zusätzlich versuchen. Wenn wir nur einem von ihnen so begegnen können, dass seine Verzweiflung, Angst und Einsamkeit dahingehend gelindert werden, dass er zumindest vom Selbstmordversuch ablässt, wäre das schon viel. An dieser Stelle braucht es eine Wachsamkeit und Sensibilität gegenüber lebensmüden Menschen. Voraussetzung hierfür ist neben der Bereitschaft eine eigene psychische Belastbarkeit und Kompetenz mit der Thematik.

Grenzen im Umgang mit suizidgefährdeten Menschen

Als Helfer von suizidalen Menschen ist es uns sicherlich ein Anliegen, sie in ihrer Not zu erreichen und dazu beizutragen, dass es ihnen besser geht. Der Wunsch nach Kompetenz im Umgang mit ihnen darf nicht ausschließen, dass in der Begegnung mit Suizidalen auch einmal etwas schief geht. Obwohl auch hier menschliches Versagen einkalkuliert werden muss, macht es bei diesem lebensgefährlichen Thema Sinn, nach möglicherweise verborgenen Tretminen und Fallstricken zu suchen. Einige von ihnen wollen wir im Folgenden näher betrachten.

Viele Menschen treten in dein Leben. Aber nur wenige hinterlassen Spuren in deinem Herzen.
(Verfasser unbekannt)

Unaufmerksames Zuhören

Auch wenn es bei unseren Alltagssorgen nicht um Leben und Tod geht, spüren wir häufig bereits eine erste Erleichterung, wenn wir mit jemandem darüber sprechen können. Vielfach hilft es einer suizidalen Person bereits, wenn sie einen einfühlsamen Zuhörer hat und sich alles „von der Seele reden" kann.

Die Entlastung wird allerdings erheblich eingeschränkt, wenn der Zuhörer nicht wirklich aufmerksam ist. Unaufmerksames Zuhören kann sich nach außen ganz *deutlich* zeigen, indem jemand ans Telefon oder zum Paketdienst an die Haustür geht, ohne sich zuvor dafür zu entschuldigen und hinterher den Gesprächsfaden wieder aufzunehmen. Idealerweise schottet man sich gegen solche Störungen ab, jedoch ist dies nicht immer möglich, zumal bei einem Gespräch unter Freunden im Wohnzimmer. Es gibt außerdem *subtilere Formen*, die dem Gesprächspartner signalisieren können, dass man nicht bei der Sache ist. Sei es, dass man z. B. mehr aus dem Fenster schaut als zum Ratsuchenden oder geistig abwesend wirkt, weil man in Gedanken vielleicht bei einem eigenen Problem ist. Wir sollten uns in diesem Zusammenhang vor Augen führen, dass ein suizidgefährdeter Mensch ein besonders verletzter Mensch ist, der meistens in zwischenmenschlichen Beziehungen enttäuscht wurde. Wir können zwar nicht alle seine Verletzungen kompensieren (das ist auch nicht unsere Aufgabe!), aber dazu beitragen, dass er sich von uns wahrgenommen und angenommen fühlt.

Verharmlosung, Rat-„Schläge" und Moralkeulen

Manchmal sehen Suizidanten das Ausmaß und die Endgültigkeit ihrer derzeitig erwogenen Problemlösung nicht oder scheinen mit dem Gedanken einfach nur zu spielen. An dieser Stelle könnte man als Helfer dazu verführt werden, auf die Verharmlosung einzusteigen, weil sie die Schwere des Themas Suizid ein wenig wegnimmt. Damit tun wir aber weder dem Ratsuchenden noch uns selbst einen Gefallen, weil wir unter Umständen über den *Ernst der Lage* leichtfertig hinweggehen. Möglicherweise ist es auch nicht der Lebensmüde, der seine Situation verharmlost, sondern wir als Helfer übersehen die ernst gemeinten Absichten, weil wir uns die Tragik eines durchgeführten Suizids nicht ausmalen möchten. Diese Bagatellisierung hätte zwar kurzfris-

Über den Ernst der Lage nicht hinwegsehen

tig eine Schutzfunktion, könnte aber mittelfristig bedeuten, einen wichtigen und ernsten Appell nicht zu beachten.

In der akuten Situation, in der jemand seine Suizidabsichten äußert, ist es nicht unsere Aufgabe und nicht der richtige Zeitpunkt, moralische Abhandlungen über die Angemessenheit von Suizid zu halten. Genauso wenig sollten wir darüber spekulieren, ob jemand seine Äußerungen ernst meint bzw. wenn er nach einem überlebten Suizidversuch mit uns spricht, darüber zu diskutieren, inwieweit dieser Versuch „nur" appellativen Charakter hatte oder „versehentlich missglückt" ist. Letztendlich ist jeder Suizidversuch ein *Hilfeschrei* und jeder Selbstmordgedanke ein Ausdruck von Verzweiflung über das eigene Leben. Als Helfer fällt es uns manchmal schwer, den Kummer des Selbstmordgefährdeten nachzuvollziehen. Wir schaffen es vielleicht nicht, uns in seine Situation hineinzuversetzen, seine Traurigkeit nachzuempfinden oder den Schmerz zu teilen. Eine bekannte Schauspielerin erklärte mir einmal, wie Schauspieler es schaffen, sozusagen auf „Knopfdruck" echte Tränen zu produzieren, und dies Abend für Abend, solange das Theaterstück eben gegeben wird. In der Ausbildung lernen sie, mit ihrem *emotionalen Gedächtnis* zu arbeiten. Sie üben regelrecht, sich in eigene traurige Erfahrungen zurückzuversetzen und sich auf die damals dazugehörende Traurigkeit einzulassen. Wenn sie dann auf der Bühne über irgendetwas weinen sollen, was sie emotional gar nicht berührt, rufen sie diese persönliche Erinnerung an etwas Trauriges ab und wirken dadurch für die Zuschauer völlig authentisch (echt). Es hilft auch mir bei der Arbeit mit Patienten, deren Situation ich zunächst nicht gut nachempfinden kann. Durch die verschiedenen Erinnerungen an eigene ärgerliche oder verletzende Erfahrungen kann ich mich dann manchmal besser in solche Patienten einfühlen, ohne mich in ihren Sog ziehen zu lassen und dadurch selbst gedanklich blockiert zu werden.

Zusammengefasst sind folgende Äußerungen von Seiten des Helfers unangebracht:

Hilfeschrei (margin note)

Emotionales Gedächtnis (margin note)

- Vorschnelle Ratschläge
- Moralische Vorhaltungen
- Problemverharmlosung
- Oberflächliche Aufmunterungen*

Aggressionen unterdrücken

Wie wir gesehen haben, richten sich bei Selbstmordimpulsen und -versuchen die Aggressionen eines Menschen nach innen, also gegen die eigene Person. In verschiedenen Gesprächsphasen kann es vorkommen, dass der Suizidant diese Aggressionen nun nach außen lenkt. Als Zuhörer werden wir vielleicht ungerechtfertigterweise beschimpft oder bekommen den Eindruck, unser bisheriger Einsatz werde nicht wertgeschätzt. Wenn wir diese Anschuldigungen oder Entwertungen in solchen Situationen persönlich nehmen, kann es entweder zu einer Eskalation im Gespräch kommen, zu einem Verstummen des Suizidanten oder auch zu einer erneuten Wendung der Aggressionen gegen die eigene Person. Dies wäre ein verhängnisvoller Gesprächsverlauf, der die *Suizidgefahr erhöht*. Es ist deshalb ungeheuer wichtig, dem Verzweifelten für seine Aggressionen Raum zu geben und sich dabei wirkungsvoll selbst zu schützen. **Suizidgefahr erhöht**

Es gehört zur Symptomatik suizidaler Menschen, dass sie hin und wieder *provokativ* erscheinen. Eine zwar menschliche, aber in diesen Situationen auch unangemessene Reaktion wäre es, diese Provokation persönlich zu nehmen. Suizidalität geht einher mit schlecht kanalisierten Aggressionen, die der Betreffende zunächst häufig selbst nicht einmal spürt oder passend zuordnen kann. Als Helfer sollten **Provokationen**

---

* Dazu gehört z. B.: „Aber das kannst du deinen Eltern doch nicht antun!", oder „Ach, wissen Sie, das geht alles vorbei. Andere haben noch viel Schlimmeres durchgemacht.", oder „Ja ja, das kenne ich. Ich glaube, Sie brauchen einfach mal Urlaub. Sie haben doch sonst alles.", oder „Na ja, ich weiß ja nicht, aber Selbstmörder kommen wohl in die Hölle."

wir uns bei diesen Gelegenheiten nicht darauf versteifen, diese Aggressionsproblematik überzubetonen. Zum einen könnte dies dazu führen, dass der Suizidgefährdete quälende Schuldgefühle entwickelt. Zum anderen sollte es zu diesem Zeitpunkt eher darum gehen, zu verstehen, welche Verletzungen und Enttäuschungen ihnen zugrunde liegen.

Beziehungsunterbrechung als neues Trauma

Indem wir zu einem Menschen, der suizidal ist, über Gespräche eine Beziehung aufbauen, können wir – vielleicht unerwartet und unbeabsichtigt – zum Hoffnungsschimmer in seinem Tunnel werden. Dies gilt sowohl für Fachleute als auch für „den netten Nachbarn" oder die „Tennispartnerin". Damit übernehmen wir auch ein gewisses Maß an Verantwortung, und zwar in zweierlei Richtung: zum einen uns selbst gegenüber. Wir müssen spüren, wann es uns zu brenzlig wird, wann eine nächste Instanz an Hilfe eingeschaltet werden muss, weil wir uns überfordert fühlen. Zum anderen sollten wir auch auf mögliche Trennungsängste achten, die bei der Person bestehen, die zu uns Vertrauen aufgebaut hat. Ich habe auch nicht-suizidale Patienten, die mit solchen Problemen zu kämpfen haben. Nach Möglichkeit thematisiere ich mit ihnen weit im Voraus, wenn ich mehrere Tage oder auch Wochen nicht in der Praxis sein werde. Manchmal können sie sich dann im Notfall an einen Kollegen wenden, ihren Hausarzt anrufen, sich regelmäßig während meiner Abwesenheit mit einem guten Freund treffen oder zu einem Seelsorger gehen. Im Umgang mit lebensmüden Menschen sollten anstehende Trennungen und nötige *Ersatzpersonen so früh wie möglich* angesprochen werden.

Trennungs-ängste

Vorschnelle Lösungsversuche

So verständlich der Wunsch des Helfers, den Suizidanten aus seinen schwarzen Gedanken herauszuholen, auch ist, sollte dies doch nicht dazu verführen, vorschnell nach Veränderungsmöglichkeiten zu suchen. Hier lauert die Gefahr,

Oberflächenkosmetik vorzunehmen, worunter das Unbereinigte weiter wuchern könnte.

Unrealistische Erwartungen

In der Auseinandersetzung mit der Suizidalität eines Mitmenschen ist es immer wieder nötig, sich die eigene Einstellung zum Thema Suizid vor Augen zu führen und zu hinterfragen. Sie fließt mit in die Gesprächsatmosphäre ein. Zudem ist von Bedeutung, ob der Helfer auch eigene Selbstwertprobleme oder gar Selbstmordtendenzen hat, welche ebenfalls Einfluss auf den Gesprächsverlauf und das emotionale Klima nehmen. Hierbei lauern zwei Gefahren: Wenn der Helfer beim Selbstmordgefährdeten eine Situation wiederfindet, die er aus seinem eigenen Leben kennt und die er erfolgreich bewältigt hat, kann es passieren, dass er die Lage des *Ratsuchenden nicht ernst* nimmt. Und umgekehrt: Wenn er seine eigenen suizidalen Anteile wiederbelebt, wird er den *Gefährdeten bei* seinen *Selbsttötungsabsichten* (unbewusst) *unterstützen*.

Manchmal entsteht Verwirrung im Gespräch dadurch, dass der Suizidgefährdete doppelte Botschaften sendet. Die Psychodynamik dieser *Ambivalenz* spiegelt sich in der Redewendung wider: „Wasch mir den Pelz, aber mach mich nicht nass!" Ein amerikanischer Psychotherapeut sagte im Zusammenhang mit den zahlreichen Appellen an Hilfsbereitschaft einerseits und dem stereotypen Abschmettern jedweder Interventionen mit dem berühmten „Ja, aber ..." sehr treffend: „Don't but me!" Es sollte nicht zu Machtkämpfen kommen, sondern wir können in diesen Fällen versuchen, die möglicherweise überhöhten Ansprüche zu erkennen. Vielleicht erwartet der Patient zu viel aus der „therapeutischen Zauberkiste" und/oder der Therapeut meint, er müsse immer noch mehr und noch andere Vorschläge, Deutungen und sonstige Interventionen anbieten. Unrealistische Erwartungen sind Täuschungen und führen zwingend zu Ent-täuschungen. Als Helfer sollten wir uns immer wieder klar machen, dass wir niemanden an einem Suizid oder auch „nur" Suizidversuch hindern können. Es ist zudem nicht möglich, dass wir stellvertretend für den Patienten die Entscheidung für das (Weiter-)Leben treffen.

Es gibt weitere Fettnäpfchen, in die wir in der Gesprächsführung möglichst nicht treten sollten. Sie sollen nur stichwortartig genannt werden:

- Selbst nicht Zielscheibe von Aggressionen sein wollen
- Oberflächliche Analyse der Situation
- Bevormundung bei der Lösungssuche, voreilige Lösungen
- Überschütten mit Ermutigung, Trost und Ermahnung
- Herausquetschen eines halbherzigen Ja zum Leben
- Vage Formulierung von Schritten oder Teilzielen
- Zeitdruck
- Unklarheit der eigenen Rolle und Wichtigkeit für den Suizidanten
- Fehlende Absprache über weitere Termine, andere Kontaktpersonen oder einen eventuellen Klinikaufenthalt

Fachliche Hilfe

Als Helfer können wir zwar versuchen, den Lebenswillen wieder zu stärken, aber ohne oder gegen den Willen des Suizidanten können wir ihn nicht am Leben halten. Es gehört zu den Maßnahmen des *Selbstschutzes* als Helfende, dass wir unsere Grenzen mit Suizidgefährdeten wahrnehmen und uns ggf. Unterstützung holen. Als Helfer sollten wir uns nicht überfordern. Ein „geglückter Selbstmord" kann nicht rückgängig gemacht werden. Daher sollte man lieber einmal zu früh als zu spät eingreifen und ggf. auch fachliche Hilfe in Anspruch nehmen.

Sich als Helfer selbst schützen

Es sollte eine zwischenmenschliche Selbstverständlichkeit sein, dass wir jede *Selbstmordäußerung ernst nehmen*. Dies bedeutet, dass auch wahrgenommene Vorboten oder parasuizidale Gesten zu Konsequenzen führen müssen.

Jede Selbstmordäußerung ernst nehmen

Krisenintervention ist conditio sine qua non, um Körper und Seele des Gefährdeten zu erhalten. Darunter versteht sich Hilfe durch medizinische, psychotherapeutische, psychiatrische und soziale Maßnahmen. Wann immer wir als Vater, Mutter, Freund, Seelsorger, aber auch als ambulant arbeitender Fachmann nicht sicher sein können, ob der Suizidgefährdete zum nächsten vereinbarten Termin – und sei er schon am nächsten Tag! – erscheinen wird, sollten wir mit ihm zu seinem und unserem Schutz über einen Klinikaufenthalt sprechen. Wenn wir also merken, dass jemand nicht für sich und sein weiteres Handeln garantieren kann, sollten wir uns an den Hausarzt, an ein Kriseninterventionszentrum oder eine Psychiatrische Klinik wenden. Wenn wir dazu nicht selbst in der Lage sind, sollten wir versuchen, eine (andere) Bezugsperson zur Begleitung des Suizidanten zu erreichen, damit er sich nicht zusätzlich zu seiner existenziellen Not mutterseelenallein fühlt.

Es wird dort zunächst darum gehen, die akute Suizidgefährdung zum Abklingen zu bringen, um später an den zugrunde liegenden *Motiven* für die Suizidalität zu arbeiten. Zunächst handelt es sich meistens um eine pharmakologische Krisenintervention. Je nach Wirkungsziel werden stimmungsaufhellende Antidepressiva, anti-psychotisch wirkende Neuroleptika, Tranquilizer (Beruhigungsmittel) gegeben. Hierbei ist darauf zu achten, dass die Patienten die Medikamente nicht für einen erneuten Suizidversuch sammeln, was auch bei der weiteren Medikamenteneinnahme nach der Entlassung zu Hause passieren kann.

Wie wir in den Kapiteln über besondere Risikogruppen sahen, gibt es psychisch Kranke, die in eine suizidale Krise geraten können. Manche dieser Patienten sind für ihre psychische Stabilisierung auf eine *Dauermedikation* angewiesen, manche auf eine vorübergehende regelmäßige Medikamenteneinnahme (z. B. Antidepressiva).

Dauer-medikation

Manisch-depressive Patienten machen zwar nur eine kleine Untergruppe der Patienten mit erhöhtem Suizidrisiko aus, aber dennoch sollten sie insbesondere medikamentös im Sinne einer Langzeitprophylaxe behandelt werden. Wenn wir als Angehörige eines Menschen mit schweren Depressionen oder einer manisch-depressiven Erkrankung beobachten, dass er seine Medikamente nicht regelmäßig einnimmt, sollten wir besonders wachsam sein und versuchen, ihn durch ein ruhiges Gespräch dazu zu bewegen, zur Regelmäßigkeit seiner Medikamenteneinnahme zurückzukehren (weiterführende Adressen s. Anhang).

Hilfe mit biblischem Hintergrund

Wenn Christen Gott verlieren ...

Nachdem viele Interventionstechniken im vorigen Kapitel ausführlich dargestellt wurden, möchte ich diese nicht alle noch einmal vorstellen, um sie dann allenfalls mit biblischem Inhalt umzuformulieren. Diese intellektuelle Übung traue ich meiner Leserschaft selbst zu.[*] Im Folgenden soll der Schwerpunkt auf die *übernatürliche Hilfe durch Gott* gelegt werden, der seine Kinder tragen möchte, wenn sie selbst nicht mehr laufen können und meinen, dass er ganz weit weg sei. Manchmal ist es nicht offensichtlich, ob ein potenzieller Selbstmörder sich nur Luft machen und seinen psychischen Ballast abladen möchte oder sich auf der Suche nach Hilfe für Veränderung befindet. Dies sollten wir zunächst abklären, ehe wir Schritte zur Verbesserung seiner Situation anbieten.[**]

Übernatürliche Hilfe durch Gott

Ich spreche immer wieder mit Patienten mit und ohne Glauben an Gott, die (dennoch oder vielleicht gerade deshalb?!) in eine suizidale Krise geraten sind. Der Glaube an Jesus

---

[*] Man könnte z. B. die Kein-nie-und-nicht-Aussagen auch auf den Glauben des Suizidgefährdeten beziehen. Dann würde nach „Ich will nicht mehr in diese Gemeinde gehen" die Frage folgen: „Wohin möchten Sie denn stattdessen gehen?"... usw.

[**] Die meisten der angeführten Fragen und anderen Interventionen, die ich als hilfreiche Werkzeuge für den Umgang mit Suizidgefährdeten beschrieben habe, zählen im engeren oder weiteren Sinne zu den kognitiv-behavioralen Gesprächstechniken. Ich möchte zusätzlich auf weitere Richtungen in der Gesprächsführung verweisen, wie sie bei Dryden, Weber und Weinberger dargestellt sind (s. Anhang).

Christus ist also keinesfalls eine lebenslange Garantie dafür, nicht in eine Sinnkrise zu stürzen oder seinem Leben aufgrund extremer Belastungen kein freiwilliges Ende setzen zu wollen. Wir finden Selbstmorde selbst in der Bibel, und auch bekannte sog. große Glaubensgestalten aus unserer Zeit wie z. B. Jochen Klepper setzten ihrem Leben ein Ende. Es ist keinesfalls unsere Aufgabe, über diesen Menschen den Stab zu brechen, sich als jemand Besseres oder Reiferes vorzukommen, weil man vielleicht noch nie an Selbstmord gedacht hat oder ihn zumindest nicht durchgeführt hat. Ein indianisches Sprichwort sagt sehr treffend: „Urteile nicht über einen Menschen, wenn du nicht eine Meile in seinen Mokassins gelaufen bist."

Prolog

„Eines Nachts hatte ich einen Traum: Ich ging am Meer entlang mit meinem Herrn. Vor dem dunklen Nachthimmel erstrahlten, Streiflichtern gleich, Bilder aus meinem Leben ... und jedes Mal sah ich zwei Fußspuren im Sand, meine eigene und die meines Herrn. Als das letzte Bild an meinen Augen vorübergezogen war, blickte ich zurück. Ich erschrak, als ich entdeckte, dass an vielen Stellen meines Lebensweges nur eine Spur zu sehen war. Und das waren gerade die schwersten Zeiten meines Lebens. Besorgt fragte ich den Herrn: ‚Herr, als ich anfing, dir nachzufolgen, da hast du mir versprochen, auf allen Wegen bei mir zu sein. Aber jetzt entdecke ich, dass in den schwersten Zeiten meines Lebens nur eine Spur im Sand zu sehen ist. Warum hast du mich allein gelassen, als ich dich am meisten brauchte?' Da antwortete er: ‚Mein liebes Kind, ich liebe dich und werde dich nie allein lassen, erst recht nicht in Nöten und Schwierigkeiten. Dort, wo du nur eine Spur gesehen hast, da habe ich dich getragen.'"
(Margaret Fishback Powers)

Von Menschen und Gott verlassen?

Wir haben festgestellt, dass jemand, der sein Leben Gott anvertraut und damit bisher in erster Linie gute Erfahrungen gemacht hat, an den Rand seiner Kräfte kommen und an den selbstgewählten Tod denken kann. Wir wollen uns jetzt mit biblischen Antworten auf die Frage nach dem Sinn unseres Lebens, nach Gottes Hilfe und Schutz beschäftigen. Es liegt in der Natur des Menschen, dass er bei erlebter Ausweglosigkeit durchaus an den Scheideweg kommen kann, ob er weiterleben will oder nicht, dass er Zweifel an Gottes sinnvoller Führung für sein Leben bekommt und sich so sehr unverstanden oder verlassen von seinen nächsten Freunden und Angehörigen fühlt, dass er vielleicht sogar gerade die endgültige Nähe und Gegenwart Jesu wünscht. Ich hörte schon von Patienten, dass sie Jesus liebten und sich unter dem Freitod ein *Nachhausekommen zu Gott* vorstellten. Diese verzweifelten Menschen möchti sich in unerträglichen Situationen eine Art ewiger Ruhe verschaffen. Oft wollen sie auch ein wenig *Rache* an all denen ausüben, von denen sie sich im Stich gelassen und überfordert fühlen.*

Nachhausekommen zu Gott?

Rache?

---

* Sehr anschaulich und biblisch fundiert finden wir Impulse bei Basilea Schlink, einer verstorbenen Ordensschwester. Behutsam eingesetzt können sie Menschen mit Selbstmordabsichten zeigen, dass der Gott, den sie derzeit vielleicht überhaupt nicht mehr verstehen können, eben doch für sie da sein möchte – wenn sie sich ihm zuwenden und ihre Hoffnung auf ihn setzen: „Dir ist Unrecht getan, dein Herz ist verwundet. Du grübelst: Wie soll dein Recht ans Licht kommen, wie soll dir Genugtuung geschehen? Denke daran, dass Einer sieht, was dir angetan ist: Gott, der alles sieht! Einer weiß, was es bedeutet, Unrecht zu leiden: Jesus. Doch der Vater hat Sein Recht ans Licht gebracht, der Er Ihn herrlich auferstehen ließ als Sieger über alle Feinde. Darum heißt es auch für dich: ‚Du führst mein Recht und meine Sache aus; du sitzest auf dem Stuhl, ein rechter Richter!‘ (Psalm 9:3). Lege deine Sache in Gottes Hand, lass Ihn dein Recht hinausführen. Er wird's tun als dein Vater, der dich liebt und für dich sorgt. Doch tue du, was deine Sache ist: Räche dich nicht selbst, sondern ringe darum, dass keine Bitterkeit in deinem Herzen Raum gewinnt" (Schlink, B. 1995, s. Anhang).

Einige Menschen machen in manchen christlichen Gemeinden die Erfahrung, dass sie sich dort wie von einer **Fromme Keule** *frommen Keule* erschlagen fühlten, mit Bibelversen bombardiert, aber nicht wirklich verstanden. Sie wurden noch mehr allein gelassen und dadurch in ihren Selbstmordabsichten bestärkt.[*]

Auch fromme Helfer sind gegen narzisstische Kränkungen nicht gefeit und können manchmal schwer mit der Ablehnung ihrer Hilfsangebote umgehen. Doch wichtiger als unsere Wichtigkeit wäre vielleicht unsere Frage angesichts der Verzweiflung: *„Was würde Jesus dazu sagen?"*

Was würde Jesus dazu sagen?

Wenn wir uns die Evangelien und die Apostelgeschichte ansehen, können wir feststellen, dass Jesus seine jeweilige Botschaft stets sehr klar und ohne Schnörkel, in Festigkeit, aber auch in Liebe und Barmherzigkeit mitteilte. Bisweilen benutzte er auch Gleichnisse, um seine Lehre zu veranschaulichen. Vergeblich werden wir im Umgang mit Entmutigten Härte, Manipulation und Verurteilung suchen.

Gerade mit den Lebensmüden zusammen könnten wir z. B. fragen, was es bedeutet, wenn Jesus sagt „... denn ich lebe, und ihr sollt auch leben." (Johannesevangelium, Kap. 14, 19, Luther, s. Anhang).

Wie bereits dargestellt finden sich bei depressiven Menschen ganz bestimmten Gedankenmuster. Diese beziehen sich auf

---

[*] An dieser Stelle möchte ich nicht gegen gute Seelsorge und biblisch fundierte Antworten auf Probleme eines Rat suchenden Menschen votieren. Nur sind o. g. Erfahrungen umso tragischer, als der lebendige Gott der Bibel den glimmenden Docht nicht auslöscht und das geknickte Rohr nicht zerbricht. Bei der Wahl unserer Antworten kann es hilfreich sein, kurz innezuhalten und zu überlegen: Wenn ich jetzt der andere wäre, was müsste mir dann mein Gesprächspartner zu meinen Suizidabsichten sagen, wie viele fromme Argumente würde ich aushalten, wie viel Mitgefühl bräuchte ich, wo möchte ich ggf. Weiterleitung an einen Psychiater oder in eine Klinik erfahren?

- die eigene Person
- die Umwelt
- die Zukunft

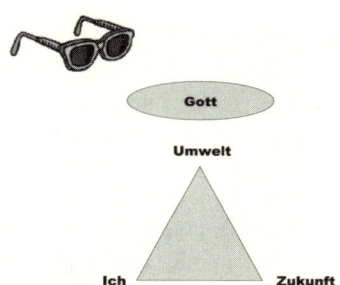

Im Fachjargon spricht man von der „kognitiven Triade", womit gemeint ist, dass diese drei Lebensaspekte mit typischen Gedanken, Bewertungen, Assoziationen verbunden sind. Als Menschen, die die göttliche oder biblische Dimension mit einbeziehen, kommt zur Triade ein vierter Faktor dazu. Man könnte nun entweder statt von einem Dreieck von einem Quadrat sprechen oder aber davon ausgehen, dass dieser vierte Aspekt die anderen drei mit beeinflusst, sozusagen über dem Dreieck und dieses durchdringend. In meiner Arbeit mit Christen, die depressiv waren und an Selbstmord dachten, stieß ich auf Gedanken wie: „Gott hat mich auch verlassen" oder „Ich hab keine Kraft mehr und bekomme von Gott auch keine" usw.

Zu Depressionen bei Christen gehört auch das Gefühl der Verlassenheit durch Gott. Die *Gottesbeziehung* wird *in* die innere *Dunkelheit* mit einbezogen. Der Betroffene macht auf der Gefühlsebene keine Gotteserfahrungen mehr. Dieses fehlende Erleben bewertet er über und schafft es nicht, sich auf die Tatsachen zu besinnen, z.B dass Jesus sagt, dass er immer bei uns ist, dass Gott treu ist und zu seinen Zusagen steht usw.

Auch die Beziehung zu Gott wird durch die Brille der Depression gesehen

Als Helfer ist es unsere Aufgabe, die verzerrte Sichtweise des verzweifelten Menschen in behutsamer und zugleich klarer Weise zu hinterfragen, wobei uns sowohl das Alte als auch das Neue Testament unterstützen kann.

Das Leben als Trümmerhaufen?!

Wie wir verschiedentlich sahen, vermuten suizidale Menschen, dass ihr Leben nichts Gutes mehr bereithält. Wenn sie bereit sind, sich auf die Entwicklung alternativer Zukunftsvorstellungen einzulassen, können sie neue Hoffnung bekommen. Menschen lernen bis ins hohe Alter durch Modelle, an denen sie beobachten können, wie andere Menschen z. B. mit Sinnkrisen oder Lebensproblemen umgehen. In den folgenden Zeilen von Dietrich Bonhoeffer finden wir Impulse für den Umgang mit empfundener Kraftlosigkeit, begangenen Fehlern und der Zukunft:

> *Ich glaube*
>
> *Ich glaube, dass Gott aus allem, auch aus dem Bösesten, Gutes entstehen lassen kann und will. Dafür braucht er Menschen, die sich alles zum Besten dienen lassen.*
>
> *Ich glaube, dass Gott uns in jeder Notlage so viel Widerstandskraft geben will, wie wir brauchen.*
>
> *Aber er gibt sie nicht im voraus, damit wir uns nicht auf uns selbst, sondern allein auf ihn verlassen.*
>
> *In solchem Glauben müsste alle Angst vor der Zukunft überwunden sein.*
>
> *Ich glaube, dass auch unsere Fehler und Irrtümer nicht vergeblich sind und dass es Gott nicht schwerer ist, mit ihnen fertig zu werden, als mit unseren vermeintlichen Guttaten.*
>
> *Ich glaube, dass Gott kein zeitloses Faktum ist, sondern dass er auf aufrichtige Gebete und verantwortliche Taten wartet und antwortet.*

Wie bei allen Versuchen, dem suizidalen Menschen aus seinem inneren Tunnel herauszuhelfen, sind auch diese Gedankenanstöße von Dietrich Bonhoeffer, der selbst im Konzentrationslager ermordet wurde, als Angebot zu verstehen. Der Patient sollte die Möglichkeit haben, das für ihn Hilfreiche aufzugreifen und als *Hoffnungsträger* für sich mitzunehmen. **Hoffnungs-** **träger** In diesem Zusammenhang können wir an einen *Wochenmarkt* denken, auf dem wir die Möglichkeit haben, die Angebote anzusehen, zu vergleichen und dann das (käuflich erworbene) mitzunehmen, was wir brauchen. Selbstverständlich hinkt jeder Vergleich. Wenn wir uns dennoch auf die Analogie mit dem Wochenmarkt einlassen, sind wir als Helfer ein Gemüsehändler, stellen unser Sortiment an Verständnis und Unterstützung in Worten, Taten und Gebeten zur Verfügung, aber haben dabei auch Grenzen. Genau wie ein Gemüsehändler, der jahreszeitlich angepasst Obst und Gemüse verkauft. Wenn wir z. B. Bonhoeffers Ausführungen vorgelesen haben, sollten wir nachfragen, was sie beim Patienten auslösen, ob er etwas damit anfangen kann, woran ihn der eine oder andere Satz vielleicht erinnert usw.

Kennzeichen aller mit Depressionen einhergehenden suizidalen Krisen ist ein stark ins Wanken geratenes Selbstwertgefühl.

Dadurch, dass ihr Leben vorübergehend nicht mehr im Einklang ist, entstehen Selbstzweifel und Versagensgedanken. Je nach Lebensgeschichte und Stress-Bewältigungsmöglichkeiten gelingt die Verarbeitung des einschneidenden Lebensereignisses nicht gut, sodass hartnäckige Gedanken aufkommen können wie: „Mich will niemand mehr" (Umwelt), „Ich bin nichts mehr wert" (eigene Person), „Aus meinem Leben wird nichts mehr" (Zukunft) und „Gott kann mir auch nicht mehr helfen" (Gott). Diese negative kognitive Triade einschließlich Weiterung durch die spirituelle Dimension findet in der Geschichte „Die alte Geige" einen Perspektivenwechsel:

Die alte Geige

Sie war matt und voller Schrammen, und der Versteigerer hatte wenig Lust, viel Zeit auf sie zu verwenden. Grinsend deutete er auf die Geige und sagte: „Das Mindestangebot liegt bei zehn Mark. Wer bietet zehn Mark? Zehn Mark sind geboten, wer bietet zwanzig?" Niemand gab ihm ein Zeichen. Er schwieg für einen Augenblick. „Zehn Mark zum Ersten, zum Zweiten ..."

Während dieser Worte kam ein alter grauhaariger Mann nach vorne. Er nahm die Geige und den Bogen zur Hand, wischte den Staub ab, stimmte die Saiten und spielte eine wunderschöne Melodie. Als das Lied verklungen war, stellte der Versteigerer erneut seine Frage: „Wie lautet das Gebot für dieses Instrument?"

Diesmal hielt er die Geige samt Bogen hoch. „Tausend Mark. Zweitausend sind geboten. Wer bietet mehr? Dreitausend. Dreitausend zum Ersten, zum Zweiten und zum Dritten." Einige Zuschauer schauten verwundert und fragten: „Was macht diese alte Geige auf einmal so wertvoll?" „Dass ein Virtuose sie in die Hand genommen hat. Er hat durch sein Spiel deutlich gemacht, dass der Wert nicht allein vom äußeren Zustand abhängig ist."

Manche Menschen, die durch ihr Leben verstimmt und zerschrammt sind, werden billig an die Menge versteigert, weit unter Wert. Wenn Gott einen Menschen neu „stimmt", kommt sein Leben wieder in Einklang.

(Autor unbekannt)

Im Gegensatz zu uns Menschen, die wir nicht immer zuverlässig sind, steht Gott zu seinem Wort und zu seinen Zusagen. Auch wenn die *eigenen Gefühle* in der tiefen Lebenskrise das Gegenteil behaupten, ist Gott dennoch der

114

Versorger seiner Geschöpfe. Hilfreiche Impulse für diese Wahrheit finden wir im Psalm 23.

Bei gläubigen Patienten, die ihr Leben als sinnlos erlebten und gern „aussteigen" wollten, stieß dieser Psalm durchaus auch auf Missfallen und kam ihnen wie Hohn und Spott vor. Sie beschrieben ihren Mangel, ihr abgestandenes Wasser, ihren hindernisgespickten holprigen Weg und ihr Verlassensein durch Gott.

Diese Sicht durch die Brille mit schwarzen Gläsern ist für depressive Menschen, die ihre Lebensbilanz gemacht haben und als einzige Möglichkeit den Suizid sehen, ganz typisch. Wir können davon ausgehen, dass sich vor der Bilanz all die Enttäuschungen des bisherigen Lebens angehäuft und den Blick dafür verstellt haben, was auch gut, erfreulich, erfolgreich war. Wir könnten manchen Suizidanten fragen, wer oder was ihn vor der *Ent-Täuschung* getäuscht **Ent-Täu-** und ihm Illusionen gemacht hat. So ironisch es klingen mag, **schung** hat doch jede Enttäuschung auch ihre gute Seite dahingehend, dass sie einen wieder auf dem Boden der Realität, der Wahrheit landen lässt.

Mit Hilfe des Psalms 23 können wir diese Enttäuschungen gemeinsam anschauen und vor Gott bringen, ihn um Heilung bitten. Sicherlich erst zu einem späteren Zeitpunkt sollten wir auch das Thema Vergebung ansprechen, wobei es dann darum geht, dass die von Mitmenschen enttäuschte Person ihren Tätern, ihren Übeltätern vergibt und ihnen das Übel nicht länger nachträgt. Sie sollte Rachegedanken aussprechen dürfen und sie dann bei Gott loslassen. Es scheint in der Natur des Menschen zu liegen, das eigene Recht zu verteidigen, eine Art Recht auf Rechthaben zu beanspruchen.

Mangelnde Vergebungsbereitschaft und Rechthaberei fliegen jedoch leider gleichermaßen wie ein Bumerang auf uns selbst zurück. Es ist stets die Person, die nachträgt statt loszulassen, die es mit sich trägt und sich daran abschleppt (zum Thema Vergebung: Kix, J.: Versöhnung ist mehr als ein Wort. Wege zur Vergebung).

An dieser Stelle möchte ich als Anregung nur auf Gottes Vergebung uns Menschen gegenüber hinweisen, über die jemand sich erhebt, wenn er – früher oder später – nicht bereit ist, Menschen, die an ihm schuldig geworden sind, zu vergeben. Man kann Vergebung als eine Art *Freispruch* verstehen, der aber *nicht* mit *Gutheißen* verwechselt werden darf. Vor diesem Freispruch, der vor dem Hintergrund von Gottes Vergebung und Barmherzigkeit leichter geschehen kann, darf selbstverständlich erst einmal die Anklageschrift erhoben werden: Wer hat dem Suizidgefährdeten aus seiner Sicht was angetan? Welche Gedanken, Gefühle, Verletzungen und Impulse haben daraus resultiert? Manchen Patienten hilft es, einen Schuldschein zu schreiben und darüber zu sprechen. Wir werden als Helfer durch die Bibel ermutigt, mit den Weinenden zu weinen und mit den Lachenden zu lachen. Es macht uns menschlich, wenn wir Mitgefühl zeigen. (Abgesehen davon lenkt es sehr ab, wenn man seine ganze Energie darauf verwendet, die aufsteigenden Tränen zu bekämpfen.) Mit Mitgefühl ist nicht Mitleid gemeint; letzteres führt dazu, dass wir im Sumpf des Leids und Schmerzes mit versinken, weil wir das sichere Ufer verlassen und die zum Helfen nötige innere Distanz verlieren. Indem wir mit untergehen, können wir keine Hoffnung auf Rettung mehr vermitteln.

Mit *nötiger innerer Distanz* ist hier gemeint, dass wir den Überblick behalten, wie es unserem Gesprächsgegenüber geht, was ihn in seine derzeitige Ausweglosigkeit getrieben hat und was ihm helfen könnte, wieder etwas Licht am Ende seines inneren Tunnels zu sehen. Dies könnte auf Psalm 23 angewandt heißen, folgende Aspekte von Gottes Wesen und Liebe zu vermitteln:

Der Psalmschreiber David war selbst Hirte und übertrug dieses Bild auf Gott. Jesus hat zu seinen Lebzeiten auf Erden ebenfalls von sich als dem guten Hirten und den Menschen

Vergeben heißt nicht Gutheißen

Nötige innere Distanz

als seinen Schafen, um die er sich kümmert, gesprochen. Es gehört zu unserem Menschsein, dass wir uns manchmal verlaufen, aber Gott bleibt bei uns und hilft uns wieder auf die Beine. Die im Psalm genannten Feinde können außer Menschen Lebensumstände sein (z. B. Arbeitslosigkeit, Krankheit). Es gibt außerdem „innere Feinde" wie Bitterkeit, Unversöhnlichkeit, Groll und Hass, die zu Feindschaft gegenüber dem eigenen Leben führen können. In der Bibel ist Öl häufig ein Sinnbild für äußere Gesundheit (s. Jakobus 5, 14), Stärke (s. Psalm 92, 11) und innere Heilung, d. h. Vergebung (s. Jesaja 1, 6).

Wie wir sahen, haben Selbstmordgedanken mit großer Unzufriedenheit in zwischenmenschlichen Beziehungen zu tun. Viele Suizidgefährdete erleben sich vor und in ihrer massiven Lebenskrise in wichtigen privaten oder beruflichen Kontakten als unterlegen, missbraucht, misshandelt, gedemütigt, unverstanden, ausgebeutet usw. und finden keinen Ausweg aus diesem Dilemma. Das kann an inneren Blockaden liegen, die verhindern, dass sie ihre *Opfer-Rolle* **Opfer-Rolle** nicht verlassen. Es gibt dabei sehr fromm tönende Botschaften wie: „Ich muss meine alte Mutter doch ehren" oder „Mein Chef ist doch meine Autorität, die ich anerkennen muss" usw. Solche „frommen Überzeugungen" sollte man hinterfragen, um alles knechtende menschengemachte Beiwerk von der tatsächlichen biblischen Botschaft abzutragen. Dies ist üblicherweise ein längerer Prozess, bei dem ich die Ausführungen von Jörg Zink zu Gottes Gebot, Vater und Mutter zu ehren, wegweisend finde:

> *„Du hast gehört, dass den Alten gesagt ist:*
> *,Ehre Vater und Mutter,*
> *damit du lange lebst in dem Lande,*
> *das dir der Herr, dein Gott, geben wird.'*
> *Das bedeutet: Du bist in Ordnungen*
> *hineingeboren, in Sitten und Bräuche.*
> *Du lebst in einem Volk und in seiner Tradition.*

Man fordert von dir Gehorsam,
man fordert, dass du dich beugst,
dass du dich fügst.
Ich aber sage dir:
Du sollst dich nicht krümmen.
Du bist nicht der Sklave deiner Eltern.
Nicht der Sklave deiner Umwelt,
nicht deiner Erziehung, nicht deines Staats.
Nimm die Würde in Anspruch,
die Gott dir gab.
Und wenn du dastehst, aufrecht und frei,
dann ehre deinen Vater und deine Mutter,
die Menschen und die Traditionen.
Dir ist Raum gegeben.
Ergreife die Arbeit, die vor deiner Hand liegt.
Entfalte, was in dir ist.
Vertraue dich deiner Freiheit an.
Gib weiter, was du empfängst:
Das Vertrauen und das liebende Herz."
(Aus: Jörg Zink, Was bleibt, stiften die Liebenden,
S. 158-159)

Wenn kleinste Entscheidungen zu Riesen werden

Depressive und suizidgefährdete Menschen sind oft nicht mehr in der Lage, Entscheidungen zu treffen, die über die minimalen Alltagsanforderungen hinausgehen. Sie machen sich starke Vorwürfe dafür, dass sie nicht mehr so entscheidungsfreudig sind wie früher. Diese Selbstanschuldigungen führen zu einer weiteren Verschlechterung ihrer Befindlichkeit und ihres Selbstwertgefühls sowie zu einer Zunahme ihrer Suizidgefährdung. Bei diesen Entscheidungsproblemen kann das Gedicht von S. Naegeli Entlastung bringen:

Immer noch hast du mich aufgerichtet
Es gehört zum liebevollen Umgehen mit uns selbst,
an Tagen innerer Dunkelheit keine Probleme lösen

zu wollen, keine wichtigen Entscheidungen zu treffen,
denn die Konturen der Wirklichkeit verlieren sich in
der Nacht.
An den Grenzen meiner Kraft
zwingt mir die Erschöpfung
unstillbare Müdigkeit auf.
Unmerklich verengt sich
das Blickfeld.
Gedanken überschwemmen mich,
in denen kein Licht mehr ist.
Ich habe mir vorgenommen,
auf der Hut zu sein vor ihnen.
Nicht mehr sind sie
als ungerufene Gäste,
dunkle Gefährten auf Zeit.
Warum ihnen mehr Beachtung schenken,
als ihnen zukommt?
„Ich danke dir,
dass es vorübergeht",
sage ich zu meinem Gott.
„Immer noch hast du mich aufgerichtet."
(S. Naegeli, S. 93)

Die Machenschaften des Bösen

Nach Aussagen der Bibel ist Gott der Gott des Lebens. Der gefallene Engel des Lichts, *Luzifer*, ist hingegen der Vater des Todes, des Mordes und der Lüge (s. a. Johannesevangelium, Kap. 8, Vers 44). Somit ist der *Tod* aus biblischer Sicht nicht nur eine unpersönliche Macht, sondern eine mächtige und *verlogene Person* in der unsichtbaren Welt, deren Machenschaften aber sehr wohl in der sichtbaren Welt zum Tragen kommen können. Tröstlich sind dabei die biblischen Zusagen, dass uns niemand aus Gottes Hand reißen kann. Wir haben damit keinen Freifahrschein, mit dem wir nach Belie-

Biblische Anthromorphisierungen: Luzifer als „Vater des Todes", der Tod als verlogene Person

119

ben auch in Feindesland reisen können. Das Liebäugeln mit dem Tod mag den Anschein von Autonomie (Selbstbestimmung) erwecken oder ein Machtmittel im Umgang mit anderen sein, aber dahinter lauert die Gefahr, mit dem Tod als letztem Feind Jesu zu paktieren.

Schritte der Befreiung Folgende *Schritte* können dem jesusgläubigen Suizidanten helfen, von dieser Todesmacht frei zu werden, um das eigene Ja zum Leben wiederzufinden.

1. Bitte um Vergebung für die Abkehr vom Leben und die Öffnung für den Tod. Manchmal hilft es, wenn der Suizidant aufschreibt, womit er sich für den Tod geöffnet hat, und diese Notizen dann als symbolische Handlung und als klaren Schritt der Trennung von dem Vergangenen wegschmeißt bzw. sie im Gebet Jesus übergibt. Er ist auch für diesen Irrweg der Abkehr vom Leben ans Kreuz gegangen.

2. Neben der Vergebung für die falschen Schritte ist es wichtig, sich in Jesu Namen vom Tod loszusagen und bewusst Ja zum Leben (und noch einmal zu Jesus, der das Leben ist) zu sagen (Johannesevangelium, Kap. 14, Vers 6: Jesus sagt: „Ich bin der Weg, die Wahrheit und das Leben . . .").

3. Als Therapeut oder Laienhelfer sollten wir unserem Gesprächspartner Vergebung zusprechen. Wir sollten ihn außerdem darüber aufklären, dass der Teufel manchmal versucht, einem die neu erhaltene Freiheit wieder zu zerstören, wenn jemand das Bündnis mit dem Tod aufgekündigt hat.

4. Mögliche Angriffe vom „Teufel" müssen jedoch an Gott vorbei, und wenn wir uns Gott immer wieder zuwenden, flieht der Feind von uns (s. Jakobus, Kap. 4, Verse 7-8).

Zum Loslassen der Übeltäter

Wenn ein Mensch durch falsche Botschaften, d. h. Bannbotschaften, in eine Art innere Knechtschaft geraten ist, sollten wir ihm als Helfer vermitteln, wie Gott über ihn denkt und mit ihm um Heilung für diese Verletzungen beten. Erst danach ist es seine Aufgabe, den Übeltätern zu vergeben. Wenn sie eine Art *Schuldschein* verfassen, können sie ihn zu ihrer Zeit zu Gott bringen und sich damit ihres Ballasts entledigen. Dieser besteht aus Verletzungen und Vorwürfen aufgrund des ihnen angetanen Unrechts. Gott möchte, dass wir vergeben wie er uns vergibt, s. a. das Vaterunser. Neben der Anklage gegen andere kommt manchmal Selbstanklage für falsche Reaktionen vor, die ebenfalls zu Gott gebracht werden sollten.

Schuldschein

Jesus kennt alle unsere Gefühle

Wie wir sahen, hat Selbstmord meistens mit Wut und Aggressionen gegen die eigene Person zu tun. Viele fromme Suizidanten meinen, dass sie Wut und Zorn nicht äußern dürfen, dass dies unbiblisch sei. Aber als Jesus als Mensch auf Erden war, empfand er diese Gefühle auch und zeigte sie nach außen. Er sollte ein Vorbild sein im gesunden Umgang mit Impulsen und Emotionen.

Schritt für Schritt – auch für die Angehörigen

Als seelsorgerlicher Begleiter, guter Freund oder auch Fachmann sollten wir mit Suizidgefährdeten eine Vereinbarung dahingehend treffen, dass sie sich bei uns melden, wenn sie wieder suizidale Impulse bei sich wahrnehmen. Es ist ratsam, einen oder mehrere Angehörige mit einzubeziehen und mit ihnen zu besprechen, welche medizinischen Versorgungsangebote und welche Hilfe es für sie als Mitbetroffene in dieser herausfordernden Zeit gibt.

Auf der Suche nach einer Antwort ...

Es kann vorkommen, dass wir einem Suizidanten helfen wollen, aber verunsichert sind, was die betreffende Person überhaupt von uns erwartet. Es ist keine Schande, sich als Helfer orientierungslos zu erleben, vielmehr kann dies das Gefühl des Ratsuchenden sein, das wir in uns wahrnehmen.

Die Psychoanalyse spricht hier von *Gegenübertragung* (s. Glossar). Ein Mensch der mit seinem Leben am Ende zu sein scheint, ist ja auch hilflos, ratlos, sieht schließlich nur noch diesen einen Weg als endgültige „Lösung" seiner Probleme. Als einfühlsame Helfer kann sich die „innere Sackgasse" auch in uns einstellen. Kein Seelsorger und kein Psychotherapeut ist gegen solche Momente gefeit und er muss sich ihrer nicht schämen. Sie weisen darauf hin, was im Ratsuchenden abläuft. Wir sollten hier innehalten, um nach seinen Erwartungen zu fragen. Jesus gibt uns ein Vorbild, wenn er als Sohn des allmächtigen und allwissenden Gottes fragt, was er den Blinden tun solle. Sie antworten eigenverantwortlich, und er geht auf ihre Bitte ein, sodass sie sehend werden (Matthäusevangelium Kap. 20,32-34). Es kann dem suizidalen Menschen helfen, wenn er *selbst entscheiden* kann und muss, was er von Helfern erwartet. Diese Erwartungen sind möglicherweise nicht zu erfüllen, stattdessen kann ein gemeinsames Aushalten der Ohnmacht und menschlichen Begrenztheit notlindernd sein. (Im Volksmund heißt es zu Recht „Geteiltes Leid ist halbes Leid.")

Dürfen Christen sich umbringen?

Ihre Meinung ist gefragt

Ehe Sie weiterlesen, möchte ich Sie einladen, diese Frage für sich selbst zu beantworten. Sie können dabei zunächst „ganz spontan aus dem Bauch heraus" Antworten suchen und überlegen, ob diese in früheren Phasen Ihres Lebens anders ausgefallen wären.

Dürfen Christen sich umbringen?
Wenn ja, unter welchen Umständen?
Wenn nein, warum nicht?
Wie hätte ich die Frage früher beantwortet?
Wodurch hat sich meine Meinung ggf. geändert?

Die Beantwortung der Frage, ob Christen sich suizidieren dürfen, muss von jedem Menschen selbst vorgenommen werden und ist von verschiedenen *Faktoren* abhängig (z. B. Erziehung, Einstellung zu Leben und Tod usw.). Es ist nicht meine Aufgabe, darüber zu richten, wie verzweifelte Menschen mit Lebenskrisen umgehen. Ich möchte so wachsam wie möglich sein beim Erkennen suizidaler Krisen meiner Mitmenschen, sowohl im beruflichen als auch im privaten Bereich. Nach meinem Bibelverständnis ist Gott der Schöpfer allen Lebens. Er lässt manche Talwanderung auf dem Lebensweg seiner Geschöpfe zu, deren Sinn wir oft erst im Nachhinein erkennen. Für diese Lebensphasen wünsche ich allen Betroffenen, dass sie zu der Einstellung finden können: „Gott, ich verstehe dich in Bezug auf ... zwar nicht, aber ich vertraue dir trotzdem!"

Vergiss es nie: Dass du lebst, war keine eigene Idee, und dass du atmest, kein Entschluss von dir.
Vergiss es nie: Dass du lebst, war eines anderen Idee, und dass du atmest, sein Geschenk an dich.
Vergiss es nie: Niemand denkt und fühlt und handelt so wie du, und niemand lächelt so, wie du's grad tust.
Vergiss es nie: Niemand sieht den Himmel ganz genau wie du, und niemand hat, was du weißt, gewusst.
Vergiss es nie: Dein Gesicht hat niemand sonst auf dieser Welt, und solche Augen hast alleine du.
Vergiss es nie: Du bist reich, egal ob mit, ob ohne Geld, denn du kannst leben!
Niemand lebt wie du.
Du bist gewollt, kein Kind des Zufalls, keine Laune der Natur, ganz egal, ob du dein Lebenslied in Moll singst oder Dur.
Du bist ein Gedanke Gottes, ein genialer noch dazu.
Du bist du.
(Jürgen Werth)

Aus theologischer Sicht

Als theologischer Laie möchte ich mich den Ausführungen von Frau Dr. Verena Lenzen anschließen. Sie ist Lehrbeauftragte im Fach Moraltheologie an der Katholisch-Theologischen Fakultät der Universität Bonn und geht m. E. sehr fundiert und einfühlsam mit der Bewertung der Selbsttötung aus biblischer Perspektive um:

„... somit bewegt sich die moraltheologische Sicht der Selbsttötung zwischen der traditionellen moralpathologischen Schuldschreibung des Selbstmörders (Selbstmord als Sünde) und der modernen psychopathologischen Krankschreibung des Suizidanten (Suizid als Krankheit). Die Heilige Schrift, Richtschnur unseres Glaubens, wurde in der Geschichte der christlichen Suizidlehre eher vernachlässigt. Doch befreit gerade das Wort Gottes von der menschlichen Vermessenheit hartherziger Urteilssprüche und eröffnet ein barmherziges Verstehen des fehlbaren und leidenden Geschöpfes, dem der menschgewordene, gekreuzigte und auferstandene Gottessohn seine solidarische und erlösende Liebe schenkte.

In der Bibel stoßen wir nicht auf eine grundsätzliche moralische Verwerfung und Bestrafung des Selbstgetöteten, sondern auf einen stillen, einfühlsamen Respekt vor der Selbsttötung als einem letzten ehrenvollen Ausweg in alternativer Konfrontation. Die Selbstgetöteten Simon, Ahitofel und Saul werden im Alten Testament moralisch nicht verurteilt, vielmehr durch das würdevolle Begräbnis im Grab des Vaters geehrt. Die Selbsttötung von Sauls Waffenträgern Eleasar, Ptommäus und Rasi wird mit menschlicher Wärme und Sensibilität für die Tragik dieser Gestalten geschildert. Simri und Abimelech werden nicht als Selbstgetötete, sondern als Mörder (Bruder- bzw. Königsmörder) moralisch verworfen.

In allen Fällen zeigt sich Toleranz gegenüber dem für alle gültigen Suizid-Motiv der Ehre, während die Ursachen der tragisch-tödlichen Entwicklung bisweilen negativ bzw.

kritisch beurteilt werden, z. B. Sauls kultischer Ungehorsam, Abimelechs Brudermord oder Simris Königsmord. Grundsätzlich wird aber die Tat der Selbsttötung nicht verurteilt. Der Grund für die Ehrung bzw. nie explizite Nicht-Ehrung eines Selbstgetöteten ist der Handlungsantrieb zur Selbsttötung: das Motiv der Ehre als kollektives Ideal und Grundwert alttestamentlichen Ethos ...

Wenn sich auch biblisch grundsätzlich das Bemühen nachweisen lässt, das Menschenleben zu schützen, und in Gen. 9:5,6 und im 5. Gebot des Dekalogs sogar ein Gebot der Lebenserhaltung formuliert wurde, so ist daraus exegetisch noch lange nicht ein Verbot mit Absolutheitsanspruch oder ein generelles Selbsttötungsverbot abzuleiten. ... Die Ausführungen über die neutestamentliche Haltung zur Suizidfrage sind noch wortkarger als die Kommentare zu diesem Problembereich in alttestamentlicher Hinsicht. Dass im Neuen Testament nur ein einziger Fall direkter Selbsttötung (Mt 27:5) berichtet wird, kann nicht ohne weiteres als Beweis für ein selteneres Vorkommen des Phänomens in neutestamentlicher Zeit und Umwelt gewertet werden. Denn jede Gegenüberstellung von Altem und Neuem Testament bleibt ein Vergleich von zwei – nicht nur nach Zeitspanne und Textumfang – recht ungleichen Bezugsgrößen. ... Dennoch gilt: Der alt- und neutestamentliche Gott als Anwalt des Lebens wird nicht zum Ankläger der Lebensmüden. Die Heilige Schrift bietet wertvolle Hilfen für eine christlich-humanistische Beurteilung und Behandlung des Suizidgeschehens. Die biblischen Schilderungen von Suizidhandlungen können die Moraltheologie lehren, die Selbsttötung als einen existenziellen Grenzfall zu verstehen, der sich jeder ethischen Verallgemeinerung und allen einsträngigen Ableitungen und Bewertungen widersetzt. Eine normative Be- bzw. Verurteilung wird dem komplexen Phänomen keineswegs gerecht. Die Selbsttötung ist weder generell als Sünde noch als Krankheit zu interpretieren, sondern als vielschichtige Vollendung eines konkreten Lebens zu respektieren. Der letzte ethische Entscheid über die Tat der Selbstvernichtung bleibt weniger dem Forum der Moral und der Menschen als vielmehr dem Forum Gottes überlassen. Wir sollten uns von verallgemeinernden Urteilsrastern, von einer vorschnellen moralpathologischen Krankschreibung des Suizidalen und Suizidanten lösen, sollten subtilere und sensiblere Weisen des Suizidverständnisses suchen. Allein eine verstehende, nicht verurteilende Suizidethik vermag es, die tragische Tiefe der Selbsttötung zu ermessen und sie als möglichen Abschluss eines gelebten Lebens, als Ende und Vollendung einer durchlittenen Existenz zu erahnen und zu achten. Gilt es doch, mit Spinozas Worten: nicht zu spotten, nicht zu klagen, nicht zu verfluchen, sondern zu begreifen" (Verena Lenzen, Selbsttötung in der Bibel, S. 91-93).

Was löst ein „gelungener" Suizid bei Angehörigen und Helfern aus?

Die Angehörigen zwischen Schuld und Trauer

Nach „geglückten" Selbstmorden wird von den Hinterbliebenen häufig die Nachricht verbreitet, dass die Person einen *Unfall* hatte. Damit erreichen sie zum einen, dass sie weniger in den Brennpunkt der Aufmerksamkeit geraten und so vielleicht dem befürchteten Tratsch entgehen können. Schließlich geht es auch darum, den Ruf als „ganz normale Familie" nicht aufs Spiel zu setzen, denn diese Gefahr ist natürlich in dem Fall größer, wenn ein Familienmitglied sich umgebracht (oder es versucht) hat, als wenn es verunglückt ist.

Neben diesen Bemühungen, nach außen dem Gerede der Nachbarn und Bekannten zu entgehen, gibt es auch noch die innerseelisch ablaufenden Prozesse. Die menschliche Seele ist in der Lage, sich gegenüber aversiven, also unerwünschten oder unangenehmen Gedanken und Vorstellungen zu schützen, indem sie sie ausblendet, quasi beiseite schiebt. Im Fachjargon spricht man auch von *Verdrängung*. Für Hinterbliebene eines Selbstmörders ist die Tragödie vielleicht erträglicher, wenn sie annehmen, es habe sich um einen Unfall gehandelt.

Natürlich funktioniert diese Annahme nur dann, wenn es kein offensichtlicher Selbstmord war, wie beim Erhängen oder beim Sprung aus dem Hochhaus. Wenn wir uns in die Lage eines Angehörigen oder eines engen Freundes hineinversetzen, können wir uns vorstellen, dass uns der Gedanke entlasten würde, der Selbstmörder hätte „nur" einen tragischen Unfall gehabt. Manchmal konnte ich bei Patienten be-

Unfall

Verdrängung

obachten, dass sich solche geschönten Annahmen früher oder später im Leben eines Menschen in Form von unterschiedlichen Symptomen wieder melden.

Es kann für einen Menschen zunächst hilfreich sein, einen Suizid nicht als solchen verarbeiten zu müssen – wenn es nicht ganz offensichtlich einer war! Dadurch fühlt die Seele sich möglicherweise erst einmal weniger belastet, quälende Fragen an eigene Versäumnisse gegenüber dem Verstorbenen bzw. demjenigen, der einen Selbstmordversuch überlebt hat, stellen sich dann weniger stark ein. Dennoch gehört es zu unserer Seelenhygiene, dass wir der Wahrheit eines Tages – evtl. mit fachlicher Hilfe – ins Auge sehen und anerkennen, dass Selbstmorde oder auch Selbstmordversuche grundsätzlich nicht einfach nur Unfälle oder tragische Schicksalsschläge sind, sondern vorsätzliche Handlungen in der Absicht, sich umzubringen bzw. einen massiven Hilferuf zu senden.

Schuldgefühle Selbsttötungsversuche lösen bei nahen Bezugspersonen immer *Schuldgefühle* aus. Sie fragen sich, was sie verkehrt gemacht haben, und schämen sich für die Tat. Dennoch sollte man zumindest im Freundeskreis ehrlich sein und den Selbstmord oder Suizidversuch trotz des weit verbreiteten Tabus beim Namen nennen. Es kann sehr entlastend sein zu merken, dass auch andere Menschen schon in vergleichbaren Situationen waren.

Traurigkeit Selbstmord bedeutet für die nächsten Angehörigen ein massiv einschneidendes Lebensereignis, das ihr Leben stark beeinträchtigt und meistens auch verändert. Man spricht im Zusammenhang mit der nach einem Tod folgenden *Traurigkeit* und Trauer sehr treffend von Trauer*arbeit*, die ein Mensch zu leisten hat.

Trauerarbeit Zu Tod und Sterben gehört *Trauerarbeit*, die jedoch unterschiedlich verläuft, je nachdem, ob jemand z. B. nach einer längeren qualvollen Krankheit stirbt, nach einem Unfall oder aber durch eigenes geplantes Dazutun. Im letzteren Fall fragen Angehörige und Freunde, nicht selten auch Arbeitskollegen oder Nachbarn, wie weit sie mit am Geschehen schuldig sind. Diese Gewissensbisse sind umso stärker, je konflikthafter die Beziehung zur suizidierten Person war. Auch wenn beispielsweise eine Scheidung oder Trennung, die dem Suizid vorausgegangen sind, mit zum Entschluss, dem eigenen Leben ein Ende zu bereiten, beigetragen haben, ist dies zwar eine mit auslösende Bedingung, aber keine hinreichende. Es gehört stets der Entschluss des Menschen dazu, einen Schlussstrich zu ziehen. Damit räumt er der derzeitigen Krise keine Entwicklungschance mehr ein.

Es gibt selbstverständlich real begangene Schuld und Schuldigwerden am anderen. Menschen haben unterschiedliche Strategien, mit dieser Schuld umzugehen. Jedoch ist und bleibt es jeweils die Aufgabe des „Opfers", sich dafür oder dagegen zu entscheiden, diese Schuld immer wieder hervorzuholen, sie dem anderen anzukreiden und nachzutragen. Derjenige, der nachträgt, erschwert sich das Gehen selbst. Wenn ein Hinterbliebener durch Erkenntnis oder einen Abschiedsbrief auf begangene Schuld stößt, muss er entscheiden, wie weit die Vorwürfe gerechtfertigt sind und er sich mit ihnen identifizieren möchte. Manchmal entlastet es Hinterbliebene, wenn sie die Frage nach der Schuld in die nach Anteilen umformulieren.

Schuld ➡ Anteile

Die *Frage nach* der tatsächlichen *Mitschuld* und den Anteilen am Suizid (z. B. Übersehen von Vorboten) ist *nicht einmalig* zu beantworten, sondern kann beispielsweise am Geburtstag des Selbstmörders oder an seinem Todestag wieder auftauchen. **Frage nach der Mitschuld**

129

Üblicherweise stellt sich die Schuld- oder Mitschuldfrage zu keiner Zeit in Reinform, sondern bildet zusammen mit Gefühlen von Traurigkeit, Wut, Selbstzweifeln sowie anderen Gefühlen und Gedanken ein Konglomerat.

Sigmund Freud

Trauerarbeit braucht Zeit und Kraft, es handelt sich dabei tatsächlich um seelische Schwerarbeit. Ursprünglich wurde dieser Begriff 1915 von *Sigmund Freud*, dem Begründer der Psychoanalyse, eingeführt. Interessanterweise ist Trauern bis heute mit einem gewissen Tabu behaftet, und doch ist es etwas, das zum Menschen genauso gehört wie das Eingehen von Beziehungen. Unterschiedliche Disziplinen und Fakultäten haben sich unter verschiedenen Fragestellungen damit befasst, wie Menschen trauern und welche Rituale sie haben (z. B. das Tragen von schwarzer Kleidung als äußeres Zeichen der Trauer). Es gibt in den verschiedenen Kulturen sehr unterschiedliche Formen des Trauerns, die hier nicht ausführlich dargestellt werden können. Jeder Mensch entwickelt aufgrund seiner Lebenserfahrungen, seiner Vorbilder im Bereich des Trauerns und seiner Persönlichkeit einen *individuellen* Umgang mit der *Trauerarbeit*.

Individueller Umgang mit Trauerarbeit

Im Laufe eines Menschenlebens verändert sich der Umgang mit Trauer. Schmerzhafte Verlusterlebnisse prägen die Persönlichkeit, insbesondere bei Kindern.[*]

---

[*] Nehmen wir z. B. ein kleines Kind, das sehr früh Vollwaise wird und in eine freundliche, warmherzige und verständnisvolle Adoptivfamilie aufgenommen wird. Dieser kleine Mensch wird sehr wahrscheinlich einen hilfreicheren und gesünderen Umgang mit Todesfällen entwickeln als ein anderes kleines Kind, das als Waise in ein Heim kommt. Typischerweise werden beide kleinen Kinder annehmen, dass sie etwas falsch gemacht haben, sodass sie verlassen wurden. Jüngere Kinder entwickeln (entwicklungspsychologisch begründet) sofort Schuldgefühle, wenn ihre Eltern sich streiten oder sich trennen bzw. sterben. Der Umgang mit der trauernden Kinderseele kann an dieser Stelle nicht näher beschrieben werden (s. hierzu: Herbert, M.: Tod und Trauer, Anhang).

Der Begriff des Trauerns

Menschen sind *Beziehungswesen*, deren Selbstbild und Weltbild stark von zwischenmenschlichen Beziehungen beeinflusst wird. Durch den Tod eines geliebten Menschen werden Selbst- und Weltverständnis stark erschüttert und es geht etwas aus der kleinen privaten Welt verloren.

Der Ausruf einer Witwe am Grab ihres soeben beerdigten Mannes: „Hermann, warum lässt du mich allein?!" ist Ausdruck des Entsetzens über den erlittenen Verlust. Bereits in der *Anfangsphase* des Trauerns gehört neben dem Schmerz über den Verlust des anderen auch Wut, bis hin zu Hass auf sein Weggehen, auf den Tod und manchmal auch auf eine göttliche Instanz. Manche Hinterbliebene denken jetzt an Selbstmord, um den nun häufig anstehenden Problemen zu entfliehen.

Für diese Problem-„Lösung" entscheiden sich nur wenige Hinterbliebene. Manche versuchen, sich den Kummer über den Konsum von Drogen jedweder Art zu erleichtern (z. B. Alkohol, Rauchen, Essen, Einkaufen u. a.) sowie durch ständiges Unterwegs-Sein. Bereits der alte Kirchenvater Augustinus bemerkt, dass der Hinterbliebene in der ersten Phase nach einem Verlust durch den Tod eines Freundes diesen noch sucht. Lindenmann spricht von einer Ruhelosigkeit, die Personen nach einem schweren Verlust empfinden: „Dem Drang, etwas zu tun, auf der Suche nach etwas zu sein, steht ein Mangel an Zielgerichtetheit gegenüber." Parkes bezeichnet dieses Suchverhalten nicht als ziellos, sondern weist darauf hin, „dass das Suchverhalten das Ziel habe, den eben verlorenen Partner wiederzufinden" (zitiert nach Kast , S. 14, 15, s. Anhang).

Die Trauer als Emotion des Abschiednehmens, der *Aufarbeitung* zerbrochener Beziehungen und der Verinnerlichung von Eigenschaften der verlorenen Person hilft uns, unser aus den Fugen geratenes Selbst- und Weltbild neu zu festigen. Üblicherweise lebt die verstorbene Person, wenn wir eine nähere persönliche Beziehung zu ihr hatten, in uns – zumindest eine gewisse Zeit – weiter.

Träume Unmittelbar nach dem Tod eines nahe stehenden Menschen sind intensive *Träume* eine normale seelische Reaktion, das Todeserlebnis zu verarbeiten. Manchmal bekommt der Träumer nachts eine Art Anleitung aus seinem Unbewussten, wie er trauern kann, wodurch die Identität des trauernden Menschen neu geformt wird.

Es gibt außerdem Träume von einer geliebten toten Person erst viele Jahre nach seinem Tod, was oft darauf hinweist, dass uns diese Person noch beschäftigt, unsere Seele nachts noch weiter an der Verarbeitung des Todes arbeitet. Es besteht häufig noch eine starke Bindung zu dem Verstorbenen oder gar eine Sorge um ihn. Der Träumer sollte den Toten oder die Sorgen um ihn ganz loslassen.

Paul Meier und Robert Wise führen dazu aus:
„Das Erscheinen eines verstorbenen Verwandten ist im Allgemeinen ein Signal, dass wir nicht mehr um diesen Menschen trauern oder zumindest uns keine Sorgen mehr um ihn machen sollen. Ganz gleich, wie nahe wir der betreffenden Person standen, sein oder ihr Tod darf unser Leben nicht zum Stillstand bringen. Wir können in einen anhaltend depressiven Kummer verfallen und unseren Zustand noch nicht einmal bemerken. In der Regel versinnbildlicht die Traumfigur die Verheißung einer Umwandlung unserer Trauer. Eins der schwierigsten Probleme, denen wir uns zu stellen haben, ist eine verborgene Angst davor, den Verstorbenen loszulassen, damit wir nicht vollends von unserem Schmerz überwältigt werden. Wir haben vielleicht das Gefühl, die Leere in unserem Leben sei so tief, dass sie durch nichts gefüllt werden kann. Die Möglichkeit, zu einem Nichts zu werden, ist unerträglich. Wir klammern uns an jedes Andenken an den Toten, als Schutzschild gegen die Leere. Unter solchen Umständen kann der geliebte Mensch im Traum auftauchen, um uns zu versichern, dass es möglich ist, unser Leben wie-

der aufzubauen. Unverarbeitete Trauer kann auch wegen Streit oder Uneinigkeit mit dem Toten bestehen bleiben, die wir nicht richtig durchgestanden haben. Solche Beziehungen waren oft von wiederstreitenden und widersprüchlichen Gefühlen gekennzeichnet. Diese Verbindungen aus Hassliebe können uns ihre Zwiespältigkeit wie eine Schlinge um den Hals legen, so dass wir nun nicht mehr wissen, wie wir uns aus ihr befreien können. Das Auftauchen des Toten im Traum mag eine Hilfe sein, das Seil zu durchtrennen." (Meier, P.; Wise, R.: Träume. Fenster der Seele. Brendow Verlag, Moers 1996.)

Wie wir aus der Traumdeutung wissen, können die Traumfiguren auch symbolhaft für einen anderen Menschen oder für Persönlichkeitsanteile des Träumenden selbst stehen. Träume von Verstorbenen müssen also nicht immer eine seelische Auseinandersetzung mit dem Toten bedeuten (spezielle Literatur zum Thema Träume s. Anhang).

Trauer ist ein psychischer Prozess von höchster Wichtigkeit für die *Gesundheit* des Menschen und kann, wenn sie uns gut gelingt, neue Perspektiven in unser Selbst- und Weltbild bringen. Sie kann uns einen bewussten Umgang mit dem Thema Tod, auch unserem eigenen Tod und unserer Endlichkeit, ermöglichen. Trauern wird leider immer noch – genau wie der Tod, der Selbstmord – in weiten Kreisen unserer Gesellschaft *tabuisiert*. Vielfach empfinden wir Angst oder Unsicherheit im Umgang mit einer trauernden Person, möchten vielleicht durch die Auseinandersetzung mit ihrem Schmerz nicht an eigene erlittene Verluste erinnert werden. Möglicherweise sind wir selbst nicht aus unserer Trauer herausgekommen oder haben sie wegzuschieben versucht?! Es ist eine Tatsache, dass ein gesundes Trauern, also ein Zulassen der verschiedenen Emotionen wie Überwältigung von Sinnlosigkeit, Angst, Wut, Hass, uns positiv verändern kann. Wir können dadurch *reifen* und den Blick für das Wesentliche im Leben schärfen.

Trauerarbeit steht im Dienst der Gesundheit

Tabuisierung

Reifen

Zudem macht uns ein gelungener Trauerprozess auch kompetenter im Umgang mit trauernden Mitmenschen und trägt zur dringend nötigen Enttabuisierung der Bereiche Tod und Trauer bei. Die Bibel sagt: „Lehre uns bedenken, dass wir sterben müssen, auf dass wir klug werden" (Psalm 90,12).

Dies ist eine Aufforderung, uns mit der Kürze unserer Lebensdauer und der Ausgestaltung unseres Lebens zu beschäftigen. Ein trauernder Mensch fühlt sich durch den erlittenen Verlust wie selbst aus der Welt ausgestoßen, als wäre nicht die verstorbene Person aus seiner Welt gegangen, sondern er selbst herausgerissen. Dadurch fühlt er sich einsam und erschüttert in seiner bisherigen Ordnung. Um diesen Verlust zu überwinden, bräuchte er Menschen, die ihm bei der Suche nach seinem Selbst- und Weltverständnis helfen.

Loslassen Sie sollten ihn außerdem dabei unterstützen, die übermäßige Tendenz, sich mit dem Vergangenen zu beschäftigen, zu überwinden. Aber in der *ersten* Zeit nach dem Verlust ist es gerade notwendig im Sinne von „die innere Not wendend", dass wir gemeinsam mit dem Trauernden über die verstorbene Person sprechen. Danach sollte es dann um das schrittweise Loslassen des Verlustes und des Toten gehen, um eine gegenwarts- und zukunftsgerichtete Perspektive zu finden. Anderenfalls droht das Abrutschen in ein pathologisches (ungesundes) Trauern.

Es geht eben bei der Begleitung Trauernder auch darum, sie vor einer inneren Versteinerung und dem Nichts-mehr-Tun zu bewahren sowie ihnen aufzuzeigen, dass sie mit dieser Belastung umgehen können und es für sie trotz dieser **Leben danach** akuten Erschütterung ein *„Leben danach"* geben wird.

Phasen und Chancen des Trauerns

Das Abschiednehmen von einer geliebten verstorbenen Person, verstanden als Trauerarbeit, verläuft in verschiedenen Phasen, die Chancen zum psychischen Wachstum in sich bergen, aber auch ungünstig verlaufen können.

(Verena Kast veröffentlichte ihre Habilitationsschrift 1982 als Buch mit dem Titel „Trauern". Kast, V.: Trauern. Phasen und Chancen des psychischen Prozesses.)

Wenn Eltern zu Waisen werden ...

In den folgenden Ausführungen werden die Phasen des Trauerns in leicht modifizierter Form aufgegriffen. Eine fiktive Person berichtet aus ihrer Erfahrung mit dem Selbstmord ihres 18-jährigen Sohnes, was ihr in den verschiedenen Stadien jeweils wichtig wurde und womit ihr andere Menschen helfen konnten.

Eine Mutter, nennen wir sie Frau G., die ihren damals 18-jährigen Sohn durch Selbstmord verlor, beschreibt im Folgenden, was Eltern durchleben, deren Kind sich umgebracht hat. Es ist kein mir persönlich bekannter Fall, sondern es sind auf Tatsachen und Beobachtungen beruhende Stufen. Sie beschreiben, was verwaiste Mütter und Väter durchleben können, wenn ihr Kind sich umgebracht hat.

Der Schock (1. Stufe)
„Plötzlich wurde ich aus meiner bisherigen Welt gerissen und betrat eine andere, mir bisher unbekannte Welt. Ich hatte diesen Weg nicht freiwillig gewählt, sondern wurde gezwungen, ihn zu gehen. Ich spürte, dass er mein Denken, Fühlen, Erleben und Verhalten sowie meine Beziehungen nachhaltig verändern würde. Auf einmal war alles anders, nichts stimmte mehr. Ich konnte es nicht glauben und wurde von einem einzigen Satz beherrscht: ‚Es ist nicht wahr.'"

Frau G. stand zu dieser Zeit unter Schock, der die nor- **Schutz** male menschliche Reaktion auf den Verlust eines geliebten Menschen ist. Die Schockphase kann über einige Stunden gehen, aber auch Tage andauern. Durch die Schockreaktion schützt der Körper sich. Menschen unter Schock fühlen sich wie in einen Schutzmantel gehüllt, wie betäubt und gelähmt in ihrem Denken, Fühlen und Handeln. Manchmal kommt es in dieser Phase auch zu unkontrollierten Handlungen wie z. B. Weglaufen. Für die Mitmenschen wirkt ein Mensch im Schockzustand wie unerreichbar, innen fühlt er sich wie abgestorben.

Wir sehen, dass ein Schock den ganzen Menschen in seinem *Denken, Fühlen und Handeln* erfasst, sein Körper, seine Seele und sein Geist sind betroffen. Für Helfer scheint es dabei manchmal schwierig zu erkennen, was der Betroffene bräuchte. Es ist tatsächlich nicht viel, was wir tun können, aber es ist auch nicht gar nichts. Je nach Ausmaß des Schocks kann ärztliche Hilfe nötig werden, möglicherweise vorübergehend auch in einer Klinik. Dort können wir die Person besuchen, wenn sie es wünscht. Es braucht in dieser Phase von Seiten der Helfer ein Gespür dafür, den verwaisten Vater oder die verwaiste Mutter nicht allein zu lassen, aber sich auch nicht aufzudrängen. Wir sollten sie fragen, wo sie Unterstützung im Alltag braucht, ohne sie aber auf der anderen Seite zu entmündigen oder im Übermaß zu unterstützen. Eltern, die ihr Kind durch Selbstmord verloren haben, brauchen Zeit zu erkennen und zu verinnerlichen, dass das Unfassbare doch wahr ist, dass es sich niemals wird rückgängig machen lassen. Sie sollten den Raum und das Vertrauen bekommen, um ihre Gefühle von Trauer, Ohnmacht und Hilflosigkeit zeigen zu können. Sie müssen sich in dieser Phase nicht beherrschen und Haltung bewahren. Es scheint in unseren mitteleuropäischen Breitengraden zum guten Ton zu gehören oder eine erstrebenswerte Tugend zu sein, die Traurigkeit und Trauer nach außen nicht zu zeigen. Nur langsam und punktuell setzt sich das Wissen durch, dass durchlebte Trauer, die nicht geschluckt wird, heilsam für die Seele ist.

Denken, Fühlen, Handeln

Die Reaktion (2. Stufe)

Frau G.: „Ich fragte mich, warum nun ausgerechnet mir das

passiert war, wozu das sein musste. Ich hatte so *starke Ge-* *fühle*, wie ich sie bisher nicht kannte: Angst, Schuld, Wut, Einsamkeit. Und dann waren da dieser uferlose Schmerz und die alles überschattende Traurigkeit. Ich suchte meinen Sohn überall, ich sah ihn überall, ich hörte ihn überall – und zwar in der Welt, wie sie noch bis vor kurzem war, in der er mit mir lebte. Ich fragte mich, warum er in seinem Abschiedsbrief geschrieben hatte, dass er verbrannt werden will."

In der Phase der Reaktion wird die *Erkenntnis* des erlittenen Verlustes zunehmend zur absoluten Gewissheit. Das Nicht-wahr-haben-Wollen (oder -Können) in der vorangegangenen Schockphase weicht einem schmerzhaften Wahrhaben-Müssen. Es ist typisch menschlich, dass wir verstehen wollen, was mit uns und um uns herum passiert. Verwaiste Eltern kreisen gedanklich in dieser Phase um die Fragen nach dem Warum, nach den Ursachen, nach eigenen Versäumnissen und Fehlern. Sie sprechen wahrscheinlich darüber, was sie hätten anders und besser machen sollen. Überlegungen, wie es vielleicht anders gelaufen wäre, wenn sie in der Vergangenheit in dieser oder jener Situation anders reagiert hätten, tauchen auf. Unausweichlich kommt der Tag der Beerdigung, der für viele Eltern einen zusätzlichen Schmerz bedeutet, wenn ihr Kind eine Feuerbestattung wünscht. Die Beerdigung jedweder Art konfrontiert noch einmal deutlich mit der harten Tatsache: „Du kommst nie mehr zurück." Es heißt danach, mit dieser Erkenntnis weiterzuleben, dem eigenen Leben dennoch einen Sinn abzugewinnen.

In der Zeit vor und nach der Beerdigung brauchen verwaiste Eltern (und natürlich auch die Geschwister des toten Bruders oder der toten Schwester) Menschen, denen gegenüber sie ihre extremen *Gefühle aussprechen* dürfen und soweit möglich, auch ausleben. Insbesondere sollten sie klagen, weinen und ihren Schmerz zeigen dürfen, wofür sie Verständnis brauchen. Als Begleiter brauchen wir keine Patentantworten zu geben, denn damit helfen wir nicht, sondern blockieren die Brücke zum anderen, tragen zu seinem inneren Rückzug bei. Es genügt und kann sogar viel für einen Betroffenen bedeuten, wenn wir für ihn da sind, „nur" zuhören oder vielleicht selbst auch weinen müssen. Interessanterweise sagt uns schon die Bibel, dass wir mit den Lachenden lachen und mit den Weinenden weinen sollen (s. Römerbrief Kap. 12, Vers 15). Als Außenstehende wundern wir uns manchmal, was ein Trauernder tut oder sagt. Auch wenn es uns als Beobachter sinnlos vorkommt, kann es für die trauernde Person Sinn machen. Solange es nichts selbst- oder fremdgefährdendes ist, sollten wir dabei tolerant sein, allenfalls behutsam nachfragen, was es für den trauernden Menschen bedeutet.

Bearbeitung (3. Stufe)

Alles erscheint sinnlos

Frau G. erinnert sich: „Ich grübelte sehr viel und zog mich von der Außenwelt zurück. Mir erschien *alles sinnlos*. Es war mir unbegreiflich, wieso das Leben neben mir einfach so weiterging, als wäre nichts passiert. So langsam ahnte ich, dass mein Kampf gegen die grausame Realität am Ende ein Kampf gegen mich selbst wurde. Ich wusste, was ich gegen meinen Willen und unwiederbringlich verloren hatte. Nur ich allein musste entscheiden, wie ich künftig weiterleben wollte."

Wir erkennen bei Frau G. etwas für die Phase der Bearbeitung des Verlustes Typisches: Die Gedanken und Gefühle spalten sich und können sich innerhalb kürzester Zeit abwechseln. Nicht selten kommt der Wunsch auf, dem Verlorenen hinterherzugehen, und es gibt tatsächlich *Selbstmord als Folge* auf einen Verlust durch natürlichen Tod oder Selbstmord. Verwaiste Eltern versuchen in dieser Phase, sich dem Kampf zu stellen, den die Verarbeitung des Selbstmords ihres Kinds ihnen bereitet. Dies fällt ihnen leichter, wenn sie weitere Kinder haben, die ihre Versorgung brauchen. Im ungünstigen Fall werden Trauernde in dieser Zeit krank, ent-

Selbstmord als Folge eines Verlustes

wickeln eine reaktive Depression oder geraten in Suchtverhalten. Die seelische Verarbeitung des Verlustes geht einher mit einer inneren Loslösung vom Verstorbenen und dem täglich neuen Entschluss, ohne ihn weiterzuleben.

Als Begleiter sollten wir dem verwaisten Menschen Raum geben, sich fallenzulassen und seine Gedanken ohne Kommentare unsererseits auszusprechen. In der Zerrissenheit zwischen dem Wunsch, dem Verlorenen nachzufolgen einerseits und wieder am Leben teilzuhaben, können wir einen Trauernden manchmal nur schwer verstehen. Er braucht in dieser Zeit viel Geduld, auch wenn er manchmal etwas seltsam oder unentschieden wirkt. Wir sollten versuchen, Verständnis für diese Ambivalenz und die noch immer bestehende Einsamkeit aufzubringen.

Neuorientierung (4. Stufe)

Frau G. lässt uns teilhaben: „Was ich verloren zu haben glaubte, lebte in meinem Herzen weiter, und zwar für immer. Alles fing an sich zu verändern: Meine Sicht über das Geschehene, über das Leben, über meine Freunde, über meine Interessen und darüber, was im Leben wirklich wichtig ist. Ich bekam neue Energie und konnte Gefühle neu investieren ... ich spürte wieder Leben."

Wenn ein verwaister Vater oder eine verwaiste Mutter es geschafft hat, sich durch die Trauerarbeit, die seelische Schwerstarbeit bedeuten kann, bis hierher durchzuarbeiten, **Neuanfang** wird die Chance für einen *Neuanfang* sichtbar. Das Verhältnis zum verstorbenen Kind sowie das eigene Leben verändern sich. Trotz manchmal harten Ringens in Bezug auf den Wunsch, dem toten Kind zu folgen, hat der Entschluss gesiegt, mit dem Verlust weiterzuleben. Welche neuen Wege jemand nun beschreitet, wie sehr er sich in die Familie und andere Beziehungen investiert, ist jeweils von Fall zu Fall unterschiedlich und kann sich im Laufe des weiteren Lebens auch weiter verändern.

Für Begleiter ist es zumeist sehr entlastend, wenn sie

merken, dass die trauernde Person sich und die Welt nun mit anderen Augen sieht und sich trotz allem für ihr Leben entschieden hat. Der Weg dorthin hat Veränderungen mit sich gebracht, am Ende des Trauertals ist der Wanderer nicht mehr derselbe Mensch, der er zu Beginn war. Wir sollten diese Veränderungen als Außenstehende akzeptieren und müssen uns zunächst daran gewöhnen. Der vom Selbstmord seines Kindes betroffene Mensch wird diesen Verlust und die Zeit des Leidens nie vergessen können, bestimmte Ereignisse wie Geburtstag oder Todestag werden alte Erinnerungen zunächst wieder wachrufen. Das innere Abgestorbensein der Schockphase sowie die schmerzhafte Sinnlosigkeit des eigenen Lebens sind zu diesem Zeitpunkt zu größten Teilen dem Willen und der Fähigkeit, das eigene Leben wieder in der Hand zu haben, gewichen.

Gott kümmert sich um die Trauernden

Wenn wir Menschen danach befragen, ob sie die Bibel wörtlich nehmen, reicht das Antwortspektrum von einem entschiedenen „Ja" bis hin zu Aussagen wie: „Entweder man nimmt die Bibel wörtlich oder man nimmt sie ernst." Ich möchte jedem selbst überlassen, wie wörtlich er die Bibel nimmt und welche Bibelübersetzung ihn am meisten anspricht. Meine persönliche Erfahrung und Überzeugung ist jedoch, dass die Bibel gerade für solche Menschen geschrieben ist, die durch schwere Zeiten ihres Lebens gehen. Dann, wenn uns der Druck, die Not und die Verzweiflung am stärksten und unerträglich vorkommen, möchte die Bibel beides geben: *Rat* und *Hoffnung*.

Manchmal habe ich keine Antwort für Patienten, die mich fragen, wozu, mit welchem Ziel und Zweck Gott ihnen bestimmte Lebenssituationen zumutet. Mein Verständnis Gottes ist, dass er nicht selbst aktiv Leid und Not in die Welt schickt, aber dass er es bisweilen zulassen und selbst mit aushalten muss, dass seine Kinder leiden, weil sie ihren freien Willen in zerstörerischer Weise gegen sich und andere einsetzen. Manche Prüfungen oder Lektionen unseres Lebens würden wir uns nicht selbst aussuchen, und doch dürfen wir manchmal später noch erkennen, wozu es nötig war, durch diesen Tunnel zu gehen. In solchen Tunnelzeiten brauchen wir Unterstützung durch Freunde und Verwandte, die uns ermutigen, Gott zu vertrauen, und zwar gerade dann, wenn wir ihn *nicht* verstehen.

Wir werden immer wieder an die Grenzen unserer Gedanken und Wege kommen (s. Jesaja Kap. 55, Verse 8-9) und brauchen dann mitmenschliche Unterstützung, um daran festzuhalten, dass Gottes Gedanken und Wege höher (und besser) sind als unsere eigenen und dass uns jede Erfahrung zum Guten dienen muss (Römer, Kap. 8, Vers 28). **Jesus versteht Leidende**

Bei der Betrachtung der Biografie Jesu finden wir fast alles, was auch wir in unserem Leben an Schwierigkeiten bewältigen müssen. Somit ist Jesus Christus sicherlich bei allem, was wir durchleiden und worüber wir uns Sorgen machen, in der Lage, uns zu verstehen. Die Bibel macht viele Aussagen darüber, dass Gott uns trösten will und immer bei uns ist, dass er unsere Tränen sieht und für uns streitet. Gott sagt uns zu, dass er uns hört. Wenn uns selbst die Worte fehlen, um unseren Schmerz oder unsere Fassungslosigkeit auszudrücken, finden wir z. B. in den Psalmen Vorgaben, wie wir unserer Verzweiflung Ausdruck verleihen können. In anderen Psalmen stecken Trost, Zuversicht und Schutz.

Insbesondere als Menschen der Postmoderne haben wir jedoch bisweilen eine Art *Instant-Denken*, d. h., wir sind z. B. Kaffeeautomaten gewöhnt, in die wir oben eine Münze einwerfen und nach wenigen Momenten unten den heißen Kaffee entnehmen können. Diese komfortable Einrichtung findet sich in vergleichbarer Weise auch in anderen Lebensbereichen. Sie verführt allerdings zu dem meist unbewussten Wunsch, dass es mit Gebeten genauso funktionieren sollte. Gott ist aber nicht dem Zeitgeist mit seiner Instant-Mentali- **Instant-Denken** tät zum Opfer gefallen, sondern bestimmt nach wie vor autonom und souverän, wann der göttliche Zeitpunkt (gr. Kairos) für sein Eingreifen ist. Wir sollen unsere Gebete keinesfalls unterlassen, weil wir (irrtümlicherweise!) annehmen, sie hätten keine Einfluss auf Gottes Handeln. Er hat Gutes für seine Kinder vorgesehen und möchte vor allem, dass wir in einer lebendigen Beziehung mit ihm leben und ihn nicht als himmlischen Gebetserfüllungsgehilfen zu missbrauchen suchen. Wenn wir uns das „Prinzip" vieler Psalmverse genauer ansehen, werden wir feststellen, dass wir letzten Endes aus der Freundschaft mit Gott Kraft, Trost, Freude und Hilfe beziehen können (s. Psalm 37, Verse 4-5).

Der folgende „Segen der Trauernden" veranschaulicht, wie wir mit Trauernden in erbaulicher Weise umgehen und ihnen Gottes Nähe in ihrem Schmerz vermitteln können:

> *Der Segen der Trauernden*
> *Gesegnet seien alle,*
> *die mir jetzt nicht ausweichen.*
> *Dankbar bin ich für jeden, der mir einmal zulächelt*
> *und mir seine Hand reicht,*
> *wenn ich mich verlassen fühle.*
> *Gesegnet seien die,*
> *die mich immer noch besuchen,*
> *obwohl sie Angst haben,*
> *etwas Falsches zu sagen.*
> *Gesegnet seien alle,*
> *die mir erlauben*
> *von dem Verstorbenen zu sprechen.*
> *Ich möchte meine Erinnerungen*
> *nicht totschweigen.*
> *Ich suche Menschen,*
> *denen ich mitteilen kann,*
> *was mich bewegt.*
> *Gesegnet seien alle,*
> *die mir zuhören,*

auch wenn das,
was ich zu sagen habe,
sehr schwer zu ertragen ist.
Gesegnet seien alle,
die mich nicht ändern wollen,
sondern geduldig so annehmen,
wie ich jetzt bin.
Gesegnet seien alle,
die mich trösten und mir zusichern,
dass Gott mich nicht verlassen hat.
Oh Gott, berge Du uns alle
in Deiner Hand,
nimm Du Dich unser an.
Bei Dir bleiben wir –
ganz gleich, ob wir noch leben oder schon gestorben
sind.
(Aus: Was dagegen, S. 84, s. Anhang)

Die Helfer zwischen Schuldgefühlen und Verantwortlichkeit

Ein Selbstmord ist für Therapeuten und Mitarbeiter nicht das Gleiche wie ein natürlicher Todesfall. Er löst *Enttäuschung und Selbstzweifel* aus, Fragen nach eventuellen Versäumnissen kommen auf. Denn auch wenn ein Helfer sich größte Mühe gegeben hat, wird er sich immer fragen, ob er nicht vielleicht doch etwas übersehen hat, ob er zu spät auf eine bestimmte Äußerung reagiert hat oder im Gespräch abgelenkt war. Hat er vielleicht nicht konkret genug nachgefragt, ob die Suizidabsichten noch bestehen bzw. warum sie nicht mehr da sind. Manchmal kommen Vorwürfe der Hinterbliebenen hinzu. Dadurch werden die Einbrüche im eigenen Selbstwertgefühl und die Zweifel an der eigenen Kompetenz noch verstärkt. Bekanntlich lassen sich viele Fehlentscheidungen und Versäumnisse im Leben rückgängig machen oder nachholen, aber das beendete Leben ist unwiederbringlich. Helfer brauchen in ihren Versagensgedanken dringend *Unterstützung* von anderen Menschen (durch Fachleute oder

Enttäuschung und Selbstzweifel

Auch Helfer brauchen Unterstützung

Freunde), mit denen sie reflektieren können, was passiert ist. Sie brauchen zudem Trost und Hoffnung von außen.

Mein Wunsch an alle Helfer

Im Laufe des Lebens werden wir immer wieder Menschen begegnen, die in ihrer Verzweiflung keinen anderen Weg mehr sehen, als ihr Leben zu beenden. Sie sind zerrissen zwischen der Suche nach innerem Frieden *in* ihrem Leben und der endgültigen Flucht *vor* diesem Leben, in dem es leider keinen ununterbrochenen inneren Frieden geben kann. Durch diese Menschen erfahren wir *Grenzen*: Wir werden an eigene Lebenskrisen erinnert und sehen unsere begrenzten Möglichkeiten, anderen aus ihren existenziellen Nöten herauszuhelfen. Ich wünsche uns allen, dass wir dabei jedes Mal neu erkennen, wo wir *helfend* eingreifen können und wo wir die Kraft brauchen, Unabänderliches *loszulassen*. Möge es uns dabei gelingen, innerlich den Boden unter unseren Füßen zu behalten.

Grenzen

Helfend eingreifen oder loslassen?

Aus der Feder des amerikanischen Juristen Max Ehrmann (1872 – 1945) stammen die folgenden Desiderata. Sie wurden in der St. Paul's Kirche in Baltimore, USA, die im 17. Jahrhundert erbaut wurde, gefunden. Sie geben uns Impulse für unsere „Seelenhygiene", für einen lebensbejahenden Umgang mit unserem einmaligen Leben.

> *„Geh deinen Weg gelassen im Lärm und in der Hektik dieser Zeit und behalte im Sinn den Frieden, der in der Stille wohnt. Bemühe dich, mit allen Menschen auszukommen, so weit es dir möglich ist, ohne dich selbst aufzugeben. Sprich das, was du als wahr erkannt hast, gelassen und klar aus, und höre anderen Menschen zu, auch den Langweiligen und Unwissenden, denn auch sie haben etwas zu sagen.*
>
> *Meide aufdringliche und aggressive Menschen, denn sie sind ein Ärgernis für den Geist. Vergleiche dich*

144

nicht mit anderen, damit du nicht eitel oder bitter wirst, denn es wird immer Menschen geben, die grö-ßer sind als du, und Menschen, die geringer sind. Er-freue dich an dem, was du schon erreicht hast, wie auch an deinen Plänen.

Bleibe an deinem beruflichen Fortkommen interes-siert, wie bescheiden es auch sein mag; es ist ein echter Besitz in den Wechselfällen der Zeit. Sei vor-sichtig in deinen geschäftlichen Angelegenheiten, denn die Welt ist voller Trug. Lass dich jedoch da-durch nicht blind machen für die Tugend, die dir be-gegnet. Viele Menschen haben hohe Ideale, und wo du auch hinsiehst, ereignet sich im Leben Heldenhaf-tes.

Sei du selbst und, was ganz wichtig ist, täusche keine Zuneigung vor. Hüte dich davor, der Liebe zynisch zu begegnen, denn trotz aller Dürreperioden und Ent-täuschungen ist sie beständig wie das Gras.

Nimm den Rat, den dir die Lebensjahre geben, freundlich an und lass mit Würde ab von dem, was zur Jugendzeit gehört. Stärke die Kraft deines Geis-tes, sodass sie dich schützt, wenn ein Schicksals-schlag dich trifft. Doch halte deine Fantasie im Zaum, damit sie dich nicht in Sorge versetzt. Viele Ängste wurzeln in Erschöpfung und Einsamkeit. Übe gesunde Selbstdisziplin, doch vor allem sei gut zu dir.

Du bist ein Kind des Universums, nicht weniger als die Bäume und die Sterne: Du hast ein Recht, da zu sein. Und ob es dir nun bewusst ist oder nicht: Ganz sicher entfaltet sich das Universum so, wie es ihm bestimmt ist.

Lebe daher in Frieden mit Gott, wie auch immer du ihn dir vorstellst. Und worauf du deine Anstrengungen auch immer richtest, was es auch ist, das du erstrebst, im lärmenden Durcheinander des Lebens sei mit dir selbst im Reinen.

Trotz allen Trugs, aller Mühsal und aller zerbrochenen Träume ist die Welt doch wunderschön. Sei heiter. Strebe danach, glücklich zu sein.

(Desiderata, s. Anhang)

Anhang

Literatur

Alvarez, A.: Der grausame Gott – eine Studie über den Selbstmord. Fischer-Taschenbuch, Frankfurt 1980

Améry, J.: Hand an sich legen. Diskurs über den Freitod. Klett-Cotta, Stuttgart, 11. Auflage 2001

Aschoff, F.; Toaspern, P.: Heilung. Werkstattheft. Geistliche Gemeinde-Erneuerung, Hamburg, 1. Auflage 1995

Befreiende Wahrheit. Zeitschrift für Seelsorge und Christliche Therapie. Heft 3. Herausgeber: Ignis-Akademie für Christliche Psychologie, Kitzingen 1994

Bronisch, Th.: Der Suizid. Ursachen Warnsignal Prävention. C. H. Beck, München, 3. Auflage 1999

Clinebell, H.: Modelle beratender Seelsorge. Chr. Kaiser Verlag, München, 5. erw. Auflage 1985

Cloud, H.; Townsend, J.: Fromme Lügen, die wir glauben. Wie uns scheinbar gute Überzeugungen auf den Holzweg führen können. Gerth Medien, Asslar 1998

Constam, D.: Befreiung aus dem Hungerturm. Hilfe für Magersüchtige. Blaukreuz-Verlage, Wuppertal und Bern 1991

Desiderata. Die Lebensregel von Baltimore. Pattloch Verlag, Augsburg. © 1998 Weltbild Verlag GmbH

Dieterich, M.: Wir brauchen Entspannung. Stress, Verspannungen, Schlafstörungen – und was man dagegen tun kann. Brunnen Verlag, Gießen, 4. Auflage 1992

ebd.; Dieterich, J. (Hg.): Wörterbuch Psychologie und Seelsorge. R. Brockhaus, Wuppertal 1996

Dilling, H. et al. (Hg.): Internationale Klassifikation psychischer Störungen. Kapitel V (F). Klinisch-diagnostische Leitlinien. Verlag Hans Huber, Bern, Göttingen, Toronto 1991

Dilling, H.; Reimer, C.: Psychiatrie und Psychotherapie. Springer Berlin, 3., komplett überarbeitete und aktualisierte Auflage 1997

Dörner, K.; Plog, U.: Irren ist menschlich. Lehrbuch der Psychiatrie/Psychotherapie. Psychiatrie Verlag, Bonn, 4. überarbeitete Auflage der Neuausgabe 1984

Dryden, W.; Feltham, C.: Psychologische Kurzberatung und Kurzzeittherapie. Ernst Reinhardt Verlag, München 1994

Fabiano, F., C.: Mut zur Reife. Projektion J 1999

Feld, K.: Wieder gut schlafen können. Was Sie gegen Ein- und Durchschlafprobleme tun können. PAL Verlagsgesellschaft, Mannheim 1994

Finzen, A.: Medikamentenbehandlung bei psychischen Störungen. Leitlinien für den psychiatrischen Alltag. Psychiatrie Verlag, Bonn, 6. überarbeitete Auflage 1987

ebd.: Suizidprophylaxe bei psychischen Störungen. Prävention Behandlung Bewältigung. Psychiatrie Verlag, Bonn, 1. Auflage der Neuausgabe 1997

Fishback Powers, M.: Spuren im Sand. Brunnen Verlag, Gießen 1996

Freyberger, H.; Stieglitz, R.-D. (Hg.): Kompendium der Psychiatrie und Psychotherapie. Karger, Basel, 10., vollständig neu bearbeitete und erweiterte Auflage 1996

Freud, S.: Jenseits des Lustprinzips (1920). Gesammelte Werke, Bd. XIII, Imago, London 1940

ebd.: Trauer und Melancholie. In: Psychologie des Unbewussten. Studienausgabe Bd. III. Conditio Humana. Fischer, Frankfurt 1975

Friebel, V.: Schlafstörungen. Besser ein- und durchschlafen. Georg Thieme Verlag, Stuttgart 1995

Grün, A.: Träume auf dem geistlichen Weg. Vier-Türme-Verlag, Münsterschwarzach, 10. überarbeitete und aktualisierte Auflage 2001

Guillon, C.; Le Bonniec, Y.: Gebrauchsanleitung zum Selbstmord. Eine Streitschrift für das Recht auf einen frei bestimmten Tod. Robinson Verlag, Freiburg 1982

Haenel, T.: Der Suizid im Wandel der Geschichte. Psychomed 7, S. 39, 1995

ebd.: Suizidhandlungen – Neue Aspekte der Suizidologie. Springer Verlag, Berlin, Heidelberg und New York 1989

Hahne, P.: Leid. Warum lässt Gott das zu? Hänssler-Verlag, Neuhausen-Stuttgart, 10. Auflage 1992

Henseler, H.: Narzisstische Krisen. Zur Psychodynamik des Selbstmords. Rowohlt, Reinbek bei Hamburg 1974. Westdeutscher Verlag, Opladen, 3. Auflage 1990

Herbert, M.: Tod und Trauer. Hilfe für sterbende Kinder und ihre trauernden Geschwister. Band 10. Verlag Hans Huber, Bern, 1. Auflage 1999

ebd.: Wenn die Eltern sich trennen. Trauer und Neubeginn. Band 11. Verlag Hans Huber, Bern, 1. Auflage 1999

Horie, M. u. H.: Einübung ins Vertrauen. Schritte zu einer positiven Lebenshaltung. R. Brockhaus Verlag, Wuppertal 1996

ebd.: Gesichter der Sucht. Hintergründe und Hilfen. R. Brockhaus Verlag, Wuppertal und Zürich 1994

I want it all . . . und zwar sofort. Campus für Christus, Gießen 1996

Kaluza, G.: Gelassen und sicher im Stress. Springer Verlag, Berlin und Heidelberg, 2. Auflage 1996

Kast, V.: Trauern. Phasen und Chancen des psychischen Prozesses. Kreuz Verlag, Stuttgart, 8. Auflage 1987

Keller, Phillip W.: Psalm 23. Aus der Sicht eines Schafhirten. Gerth Medien, Asslar 1996

Kix, J.: Versöhnung ist mehr als ein Wort. Wege zur Vergebung. Brendow Verlag, Moers 2002

Kohut, H.: The analysis of the self. A systematic approach to the psychoanalytic treatment of narcissistic personality disorders. International University Press, New York 1971. Deutsch: Narzissmus. Eine Theorie der psychoanalytischen Behandlung narzisstischer Persönlichkeitsstörungen. Suhrkamp, Frankfurt/M. 1973

Kreitman, N.: Die Epidemiologie von Suizid und Parasuizid. Nervenarzt 51, 131-138 (1980)

La Haye, T.: Bewältigung der Herausforderungen des Lebens. Herausforderungen bewältigen, ehe sie uns besiegen. Leuchter-Verlag eG, 1. Auflage 1984

Lecky, W. E.: Sittengeschichte Europas von Augustinus bis auf Karl den Großen. Bd. 1, Leipzig 1870

Lenzen, V.: Selbsttötung in der Bibel. Bibel und Kirche, Jg. 47, [2]1992

Liebe Grüße von Herzen. Brunnen Verlag, Gießen 1999

Lutherbibel erklärt. Die Heilige Schrift in der Übersetzung Martin Luthers mit Erläuterungen für die bibellesende Gemeinde. Deutsche Bibelgesellschaft, Stuttgart 1987

Lutzer, E. W.: Unvollkommene Heilige. Editions Trobisch, Kehl/ Rhein 1990

McDowell, J.; Stewart, E.: Mein Freund/meine Freundin hat ein Problem: Selbstmordgedanken. Christliche Verlagsgesellschaft, Dillenburg 2002

Meier, P.; Wise, R.: Träume. Fenster der Seele. Brendow Verlag, Moers 1996

Menninger, K.: Man against himself (1938). Deutsch: Selbstzerstörung. Psychoanalyse des Selbstmords. Suhrkamp, Frankfurt/m., 3. Auflage 1989

Naegeli, S.: Die Nacht ist voller Sterne. Gebete in dunklen Stunden. Herder, Freiburg, 8. Auflage 1987

Pfeifer, S.; Bräumer, H.: Die zerrissene Seele. Borderline-Störungen und Seelsorge. R. Brockhaus Verlag, Wuppertal 1997

Pohlmeier, H.: Christliches Martyrium und Selbstmord. In Stöver, H. D. (Hg.), Christenverfolgung im römischen Reich. Deutscher Taschenbuchverlag, München 1984

Prior, M.: MiniMax-Interventionen, 15 minimale Interventionen mit maximaler Wirkung. Carl-Auer-Systeme Verlag, Heidelberg 2002

Rieth, E.: Alkoholkrank? Blaukreuz-Verlag, Wuppertal und Bern. 1970, überarb. u. erw. Ausgabe 1992

Ringel, E.: Der Selbstmord. Abschluss einer krankhaften psychischen Entwicklung. Verlag Dietmar Klotz, Eschborn bei Frankfurt am Main, 6. unveränderte Auflage 1997

Rösing, I.; Petzold, H.: Die Begleitung Sterbender. Theorie und Praxis der Thanatotherapie. Ein Handbuch. Jungfermann-Verlag, 2. Auflage 1992

Ruthe, R.; Ruthe-Preiss, L.: Traumbotschaften. Deutungshilfen für die Seelsorge. R. Brockhaus Verlag, 2. Taschenbuchauflage 1999

Schiffer, E.: Warum Huckleberry Finn nicht süchtig wurde. Anstiftung gegen Sucht und Selbstzerstörung bei Kindern und Jugendlichen. Quadriga Verlag, Weinheim und Berlin, 5. Auflage 1996

Schlinck, B.: Der niemand traurig sehen kann. Verlag Evangelische Marienschwesternschaft, Darmstadt-Eberstadt, 17. Auflage 1995.

Schmid, G. B.: Tod durch Vorstellungskraft. Das Geheimnis psychogener Todesfälle. Springer, Wien, New York 2000

Schmidt, U.; Treasure, J.: Die Bulimie besiegen. Ein Selbsthilfeprogramm. Campus Verlag, Frankfurt/M., 2. Auflage 1997

Singer, M.T; Lalich, J.: Sekten. Wie Menschen ihre Freiheit verlieren und wiedergewinnen können. Carl-Auer-Systeme, Heidelberg, 1. Auflage 1997

Tausch, R.: Hilfen bei Stress und Belastung. Rowohlt Taschenbuch Verlag, Reinbek bei Hamburg, vollständig überarbeitete und erweiterte Taschenbuchausgabe 1997

Tölle, R.: Psychiatrie. Springer, Wien, New York, 9. Auflage 1991

Was dagegen. Jugend Gottesdienst Material 2002. Evangelisches Landes-Jugendpfarramt

Weber, W.: Wege zum helfenden Gespräch. Gesprächspsychotherapie in der Praxis. Ernst Reinhardt Verlag, München, 12. Auflage 2000

Weinberger, S.: Klientenzentrierte Gesprächsführung. Eine Lern- und Praxisanleitung für helfende Berufe. Beltz Verlag, Weinheim und Basel, 8. unveränderte Auflage 1998

Wilkerson, D.: Die Antwort auf Verzweiflung und Selbstmord. Hilfen für notvolle Fragen unserer Zeit. Leuchter-Verlag, Erzhausen 1985

Willberg, H.-A.: Depression. Band 10 der Hochschulschriftenreihe, herausgegeben vom Institut für Psychologie und Seelsorge in der Sozialwissenschaftlichen Fakultät der Theologischen Hochschule Friedensau, 2001

Wimber, J.: Leiden im Reich Gottes. Wie Sie mit geistlichen Prüfungen umgehen können. Projektion J Verlag, Mainz-Kastel, 2. Auflage 1991

Winter, D.: What happens after Death? Lion Publishing, Oxford, England 1991

Worden, W.: Beratung und Therapie in Trauerfällen. Ein Handbuch. Verlag Hans Huber, Bern, 2. erweiterte Auflage 1999

Zink, J.: Was bleibt, stiften die Liebenden. Kreuz Verlag, Stuttgart, 1. Aufl. 1979

ebd.: Womit wir leben können. Das Wichtigste aus der Bibel in der Sprache unserer Zeit. Kreuz-Verlag, Stuttgart, Berlin, 5. Auflage Januar 1965

Adressen

Hilfe über Internet und Telefon

www.erf.de/erf/html/seelsorg/seelsorg.htm

www.mentalhealth.com (auf englisch)

www.psych.org (auf englisch)

www.uke.uni-hamburg.de (Therapiezentrum für Suizidgefährdete der Uniklinik in Hamburg, ausführliche Informationen zum Thema Selbstmord auf der Homepage)

www.selbstmord.de/forum.htm (Internet-Forum zum Thema Selbstmord, keine Aufrufe zum Selbstmord!)

www.frnd.de (Informier dich über Selbstmord – Freunde fürs Leben wissen Bescheid)

www.telefonseelsorge.de Tel.: 0800 1110111 (evang.) 0800 1110222 (kath.), beide gratis und rund um die Uhr

www.kinderundjugendtelefon.de 0800 1110333 (gratis)

Krisennotdienst für Eltern und Kinder: 0800 1110444 (9.00-20.00, gratis)

Kliniken für Psychiatrie und Psychotherapie mit christlichem Hintergrund

De'Ignis Fachklinik gGmbh für christliche Psychiatrie und Psychosomatik, Walddorferstr. 23, 72227 Egenhausen,
Tel.: 07453 9391-0, Fax 07453 9391-93
e-mail: deignis@t-online.de

Klinik Hohe Mark, Friedländerstr. 2, 61440 Oberursel,
Tel.: 06171 204-0, Fax 06171 204-8000 www.hohemark.de

Klinik Sonnenhalde,
Gänshaldenweg 22-32, CH 4125 Riehen/Basel
Tel.: +41 61 6454646, Fax +41 61 6454600,
e-mail: info@sonnenhalde.ch www.sonnenhalde.ch

Weitere Informationen sowie einen Beratungsführer für Seelsorge und Therapie in christlichen Einrichtungen erhalten Sie bei:
Leben im Kontext e.V.,
Elisabethstr. 16,
44139 Dortmund,
Tel.: 0231 522952,
Fax: 0231 522953,
e-mail: Kontext.e.V.@t-online.de,
www.home.t-online.de/home/Kontext.e.V.

Regionale Hilfe:
Findet sich in allen größeren Städten in
Psychiatrischen Kliniken
Psychologischen Beratungsstellen
Beratungsstellen für Ehe-, Familien- und Lebensfragen
Psychosozialen Beratungsstellen
Sozial-Psychiatrischen Diensten

Glossar

Affektive Störungen: Bei diesen psychischen Störungen bestehen die Hauptsymptome in einer Veränderung der Stimmung oder der Affektivität, meist zur Depression hin, mit oder ohne begleitende Angst, oder zur gehobenen Stimmung. Dieser Stimmungswechsel wird üblicherweise von einem Wechsel des allgemeinen Aktivitätsniveaus begleitet.

Affektivität: Die A. als Einheit des Gefühlslebens bestimmt die Tönung des Erlebens.

Ambivalenz: Einander widersprechende Wünsche oder Ziele bestehen nebeneinander und werden mehr oder weniger bewusst wahrgenommen, z. B. Todessehnsucht und Angst vor dem Tod; Hassliebe

Antidepressiva: Es handelt sich um Psychopharmaka, die primär zur Behandlung von depressiven Verstimmungen, Antriebsmangel und Agitiertheit eingesetzt werden. Je nach Krankheitsbild werden sie in Untergruppen eingeteilt: Trizyklische A., Nichttrizyklische A., Serotonin-Wiederaufnahmehemmer, Monoaminooxidasehemmer (MAO-Hemmer).

Appellativ: Äußerungen oder Verhaltensweisen, durch die der Wunsch nach Aufmerksamkeit oder Hilfe indirekt zum Ausdruck kommt.

Autoaggression: Wendung von gehemmter, nach außen gerichteter Aggressivität gegen sich selbst. So werden Gefühle, Impulse oder auch Handlungen gegen die eigene Person gerichtet mit der Absicht, sich selbst zu schädigen.

Aversion: Abneigung gegenüber einer Situation, einem Ort, einem Menschen usw.; aversiv: eine Abneigung erregend.

Disposition: Die D. als Krankheitsbereitschaft ist die angeborene oder erworbene Anfälligkeit des Organismus für körperliche oder seelische Erkrankungen.

Impulsivität: Neigung zu spontanen und unkontrollierten Reaktionen, deren Konsequenzen vorher zumeist nicht bedacht wurden und für das Individuum oder Mitmenschen schädlich sein können.

Indikator: Merkmal mit Hinweischarakter.

Intervention: Die therapeutische I. ist ein planmäßiges (wissenschaftlich fundiertes) Eingreifen in den Therapie-/Gesprächs-verlauf.

Kognitiv-behavioral: Kognitionen sind Gedanken und Bewertungen, die im menschlichen Gehirn ablaufen. Behavioral leitet sich ab von engl. Behavior = Verhalten. Kognitiv-behaviorale Psychotherapie legt den Hauptschwerpunkt auf die Arbeit an Gedanken und Verhaltensweisen des Patienten. Ein gebräuchlicheres Wort ist Verhaltenstherapie, welches vordergründig allerdings nur auf die Verhaltensebene abhebt.

Krisenintervention: Kurzfristige ambulante oder stationäre Psychotherapie als Unterstützung in psychischen Krisen, z. B. bei Suizidalität, Trauerreaktion nach Verlusten von nahe stehenden Personen u. Ä.

Narzissmus: Menschen mit einer narzisstischen Störung haben ein unzureichendes Selbstwertgefühl und mitunter eine auffallende Selbstüberschätzung.

Neuroleptika: Präparate aus dieser Gruppe von Psychopharmaka kommen v. a. bei der Behandlung von sowohl akuten als auch chronischen Psychosen zum Einsatz.

Parasuizid bedeutet wörtlich Nebenselbstmord und meint Verhaltensweisen, die selbstgefährdend sind, ohne dass die Person (bewusste) Selbsttötungsabsichten hat, z. B. gefährliche riskante Autofahrten.

Präsuizidal: Gedanken, Äußerungen oder Verhaltensweisen, die im Vorfeld eines Selbstmords stehen oder auf ihn hinweisen.

Persönlichkeitsstörung: Menschen mit P. haben auffallend ausgeprägte Persönlichkeitsmerkmale und sind in ihrer Leistungsfähigkeit sowie in ihren sozialen Beziehungen beeinträchtigt.

Prävention: Verhütung, z. B. Suizid-Präventions-Zentren in den USA seit den 50er Jahren, seit wenigen Jahren auch in Deutschland, z. B. in Hamburg.

Prophylaxe: Maßnahmen zur Vorbeugung oder Verhinderung, z. B. Suizid-P.

Psychoanalyse: Psychotherapieverfahren, das auf Sigmund Freud zurückgeht und sich stark mit dem Unbewussten der menschlichen Seele beschäftigt.

Psychosomatik: (gr. Psyche = Seele, Soma = Körper) Erkrankungen, die seelischer Ursache sind und sich körperlich niederschlagen.

Psychotherapie: P. ist ein Sammelbegriff für alle Formen psychologischer Behandlung von psychischen und psychosomatischen Störungen und Erkrankungen. Die verbreitetsten P.-Verfahren im deutsch- und anglo-amerikanischen Sprachraum sind tiefenpsychologisch-/psychoanalytisch-orientierte Methoden sowie die Verhaltenstherapie.

Psychose: Unter P. werden zum einen psychische Störungen subsumiert, die zu den Schizophrenien oder manisch-depressiven Erkrankungen zählen. Zudem können Psychosen auch durch einige körperliche Grunderkrankungen oder Hirnschädigungen ausgelöst werden (= exogene Psychosen).

Schizophrenie: S. ist i. allg. gekennzeichnet durch grundlegende und charakteristische Störungen des Denkens, der Wahrnehmung und der Affektivität. Häufig leiden die Betroffenen unter akustischen Halluzinationen, Wahnvorstellungen, Gedankenabreißen u. a. Die Klarheit des Bewusstseins und die intellektuellen Fähigkeiten sind üblicherweise nicht beeinträchtigt, wobei es hier im Verlauf der S. zu Einbußen kommen kann.

Suizid: Eine absichtliche Selbsttötung, Selbstmord oder Freitod, der zumeist als Reaktion auf eine Lebens- oder Identitätskrise oder als Ausdruck von Autoaggressionen verstanden werden kann. Der S. ist straflos, was gleichermaßen für den S.versuch und die Teilnahme Dritter daran gilt. Man spricht von erweitertem S. oder Mitnahmeselbstmord, wenn die Tötung anderer Personen (häufig ein oder mehrere Familienangehörige) vorausgeht.

Tranquilizer: Beruhigungsmittel.

Werther-Effekt: Begriff, der nach dem Erscheinen von Goethes Werk „Die Leiden des jungen Werther" geprägt wurde und die Nachahmung von Selbstmord meint, wie sie in der Folge des Buchs zu beobachten war.

Danksagung

Mein Dank gilt vor allem meinen Patienten, die mir ihr Vertrauen und ihre Offenheit entgegenbrachten, sie in ihrem inneren Tunnel zu begleiten. Hierdurch entstand für mich ein tieferes Verständnis suizidalen Erlebens und Verhaltens sowie die Möglichkeit, unreflektierte Annahmen zu hinterfragen und meine Wissenslücken zu verkleinern.

Des Weiteren richtet sich mein Dank an meine Dozenten der verschiedenen Ausbildungsinstitute und an Kollegen in früheren Kliniken, durch die mein Interesse am Thema geweckt und erweitert wurde. Besonders erwähnen möchte ich hierbei Herrn Prof. Paul Götze an der Psychiatrischen Klinik des Universitätskrankenhauses Eppendorf (UKE) in Hamburg, bei dem ich während meines Psychologiestudiums über mehrere Semester Seminare zur Suizidologie belegte. Seine hohe fachliche Kompetenz und seine sehr menschliche Art im Umgang mit Patienten und Studenten waren für meine Entscheidung, mich weiter auf den psychotherapeutischen Weg zu begeben, von großem Einfluss.

Last not least danke ich Frau Dr. med. Agnes Hofacker für die kritische Durchsicht des Manuskripts, durch die ich noch manche Anregung bekam.

Mein größter Dank gilt Gott, meinem Schöpfer, der mir das Leben geschenkt und mich durch alle eigenen Lebenskrisen getragen hat. Hierbei hat mir immer wieder Psalm 139 (Vers 1-12) geholfen:

Herr, Du siehst in mein Herz und kennst mich.
Ich sitze oder stehe – Du weißt es.
Du kennst meine geheimsten Gedanken.
Ich gehe oder liege – Du siehst es.
Mit allen meinen Wegen bist Du vertraut.
Ich rede kein Wort, ja ich denke es noch nicht einmal,
das Du nicht hörtest.
Du hältst mich von allen Seiten umschlossen,
von oben her liegt Deine Hand auf mir.
Das ist zu wunderbar, zu unbegreiflich,
zu hoch für meine Gedanken.
Wohin soll ich gehen, wenn Du um mich bist?
Wohin soll ich fliehen, wenn Du mich ansiehst?
Stiege ich hinauf in den Himmel, so wärest Du da.
Machte ich mir ein Bett in der Welt der Toten, so
wärest Du auch dort.
Flöge ich über den Himmel,
wie die roten Schleier der Morgenröte über den Him-
melwehen,
und flüchtete mich hinter das letzte Meer,
wie die Morgenröte vor der Sonne flieht,
so würde mich Deine Hand dort finden und Deine
rechte mich packen.
Sagte ich, Finsternis soll mich verhüllen
und statt des Tages soll Nacht um mich sein –
so wäre auch die Finsternis nicht finster für Dich.
Die Nacht würde leuchten, hell wie der Tag.
(Aus: Zink, J.: Womit wir leben können)
Leonberg, im Winter 2002

Der Persönlichkeitstest

Reinhold Ruthe
Typen und
Temperamente
Die vier Persönlich-
keitsstrukturen

Paperback, 168 Seiten
ISBN 3-87067-725-2

Kennen Sie den Schlüssel zu den wesentlichen
Eigenarten Ihrer Persönlichkeit? Was ist Ihr
Selbstbild? Jeder Mensch ist einmalig, einzigartig
und spiegelt doch zugleich auch einen bestimmten
Typ und damit eine bestimmte Persönlichkeits-
struktur wider. Entdecken Sie mit diesem umfas-
senden Test aus über 160 Fragen Ihr Persönlich-
keitsprofil.

Mit den konkreten Hinweisen und Verhaltenstipps
dieses Ratgebers können Sie Ihre Leistungsfähigkeit
und Lebensqualität entscheidend verbessern.

Brendow.
VERLAG + MEDIEN

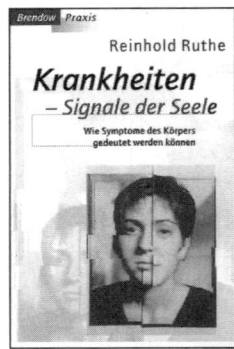